大卫

DAVID

Simon Lee

［英］西蒙·李 著

杨多 译

CNS | 湖南美术出版社 | 后浪出版公司

自画像（图93局部）
1791年
板上油彩
64cm×53cm
乌菲齐美术馆，佛罗伦萨

图 1

大卫在卢浮宫的教学画室

让-亨利·克莱斯

1804 年

蘸水笔，墨水淡染

46.2cm × 58.5cm

卡那瓦雷博物馆，巴黎

通晓自然知识。简言之，艺术家必须是一位哲学家。”然而，大卫对艺
术家崇高地位的强调却构建在其精明的理财心智之上。大卫作为活跃
的“企业家”，吸引着法国国内以及国外艺术赞助人的艺术委托，在
当时，就国际客户群数量论，只有雕塑家安东尼奥·卡诺瓦（1757—
1822 年）能略胜一筹。通过教学（图 1），其一生积累了 400 多人的
“学生军团”，大卫对法国乃至欧洲的艺术产生了巨大的影响。诚如他
在 1824 年写的：“我创建的学校如此优秀，我的经典作品也引得全欧 8
洲的艺术家前来学习。”大卫此言绝非夸大其词。他的成功得益于他能
够创造出各异的作品，挑战并高度概括迭嬗政体的意识形态的差异性。
他的画作在“公众”（the public）中能够同时引发争议与共鸣。18 世
纪后期，“公众”开始上升为一股积极而非消极的力量，他们的好恶深
刻地影响着艺术作品的命运。大卫快速领悟到公议力量的各种可能性，
恰到好处地调准作品的叙事程度、艺术语言以及与时政的关联度，这
样哪怕不能获得全面的支持，也至少能获得关注。基于这一策略，他
还精心为自己打造了极具个性的艺术家身份。这使他在波旁王朝时期
能以道德高尚、独立自主的局外人自居，而在大革命与拿破仑称帝时
代，他又希望自己被视为爱国的公仆、新秩序的拥护者。

本书将把大卫放回法国波旁王朝、大革命、拿破仑称帝与复辟时期的历史情境中，介绍现代学者关于大卫的已有讨论，特别关注大卫的艺术风格创新、政治活动、对新的艺术观众群的寻找，以及他对图绘道德、德行与爱国主义不断改变的态度等一系列问题。

第一章　寻找自我的声音

从巴黎和罗马开始

一位拜访18世纪下半叶的法国的游客，会看到一片充满对抗冲 11
突的国土和一个分崩离析的社会。市镇繁荣，但周围尽是破落的乡村，贫富悬殊与日俱增。门第、特权与地产决定着人的阶层与地位；人们若要改变命运，要么胆识过人，要么被有权者垂青，再者就是撞上大运。法国和当时欧洲的其他国家一样，用严刑酷法压制社会底层，司法机构和法官唯一的作用便是强化社会的分化。一旦犯了法，社会地位的高低决定了惩罚宽严的程度：同样的罪责，可能被流放或者拘禁在并不严加看守的地方，也可能被投入肮脏腥臭的牢洞，完全被人遗忘，甚至直接被处决。处决的方式也由社会地位决定：对贵族，使用斩首，手起刀落，利落而体面；对平民，要先遭严刑拷打，之后则受火刑、绞刑或轮刑之苦。哪怕到死，也没有平等可言。

波旁王朝的君主路易十五（1715—1774年在位），以距离巴黎市中心20公里处的贵族别业凡尔赛宫（图2）为中心，统治着当时拥有2300万人口的法国。路易是一位软弱而缺乏独断能力的君主，1715年登基时只有5岁，达到掌权的法定年龄前一直由堂叔祖奥尔良公爵腓力摄政。1723年接掌大权之后，路易十五的无能很快表露无遗，一连串的军事溃败、屈辱的停战协定和财政赤字带来的加税让贫苦的百姓无法承受。国王之下，排在统治阶层第二等的是古老的贵
族与权贵，他们的地位依赖世袭的财富、封地的田产收入以及王室的 12
荫庇。不少人认为，路易与他的大臣们不善管理，甚或玩忽职守，是致使国家走向衰落的主要原因。法国曾经是欧洲最强盛的国家，如今却让位于英格兰，相较英法两国的军事或经济实力，法国无可避免地处于劣势，这是对民族自豪感与自信心的致命打击。威廉·荷加斯（1697—1764年）1748年的绘画《哦，老英格兰的烤牛肉（加来之门）》[*O the Roast Beef of Old England*（*The Gate of Calais*），图3]以沙文主义的自豪感描绘了英国的优越感，讥讽了当时已然陷入穷困潦倒、宗教偏执、自负虚荣的法国。画面上，一块味美多汁的英国产牛腱子刚刚被抬上来，一位胖修士和一群面露饥色的士兵立即迎上去，这与画面上正要被人抬走的那锅稀汤形成了鲜明的对照。在画面边角处，丑陋粗野的妇人们忙着收拾锅碗瓢盆，一个被流放的詹

图2
凡尔赛宫
皮埃尔-德尼·马尔丹
1722年
布上油彩
139cm × 150cm
凡尔赛宫国家博物馆

姆斯二世党人叛乱分子鬼鬼祟祟偷得简陋的一餐——一个生洋葱和一块面包。

13 尽管如此，法国已经开始了缓慢但必然的变革，由银行家、金融家、律师、商贩与商人构成的新兴资产阶级正日益壮大，他们开始寻求与之新获得的财富相匹配的权力与社会地位。提升社会地位，对他们中的某些人来说，意味着从地产庄园主贵族的手中购买爵号与地产，而另一些人则认为，必须通过参政来挑战君权权威。这也是一个迸发伟大思想火花与知识探索的时代：哲学家和作家（如卢梭、伏尔泰、狄德罗）开始质疑有关王权、宗教的正统论和传统信条，提倡科学和理性的调查，抨击社会上处处可见的不平等。这股思潮就是通常所说的启蒙运动，在法国，其主要的提倡者被称为哲人（philosophe）。关于个人自由与民族自决的激进理念浮出水面，教育与学习被视作进步

图 3
哦，老英格兰的烤牛肉（加来之门）
威廉·荷加斯
1748 年
布上油彩
94.5cm × 78.8cm
泰特不列颠美术馆，伦敦

的核心要素。狄德罗和让·勒朗·达朗贝尔合编出版了巨著《百科全书》(《百科全书，或科学艺术和工艺详解辞典》，1751—1780 年，共 35 卷，见图 4)，囊括了当时人类的全部知识（其中也包括海量的激进主义思想)，描绘了法国社会与科技现代化的蓝图。 14

在高雅艺术与装饰艺术领域，宫廷有着绝对的权威，影响力无处不在。路易十五的美貌情人与亲密伴侣蓬帕杜尔夫人（图 5)，是艺术品味与时尚流变的主要影响者。当时盛行的追求优雅与精致的风格源起于室内装饰，主要的特点包括精细镀金的墙面石膏装饰、雕刻上追求曲线与涡卷形、大量使用镜面与玻璃（图 6)。这种以愉悦、幻想、快乐以及避世主义为原则的风格即后来为人所熟知的洛可可。绘画则喜欢描绘追求爱欲的诸神的故事、宁芙与牧羊人的诗意田园。画里人物的外形就像精美的、摆着不真实姿态的瓷器娃娃，他们不是画面空间 15
的主宰者，只是游离其中。为了增加装饰感，喜欢使用粉色系的淡粉、浅黄、淡蓝和嫩绿上色。但自 18 世纪中期以来，道德主义渐渐发酵，

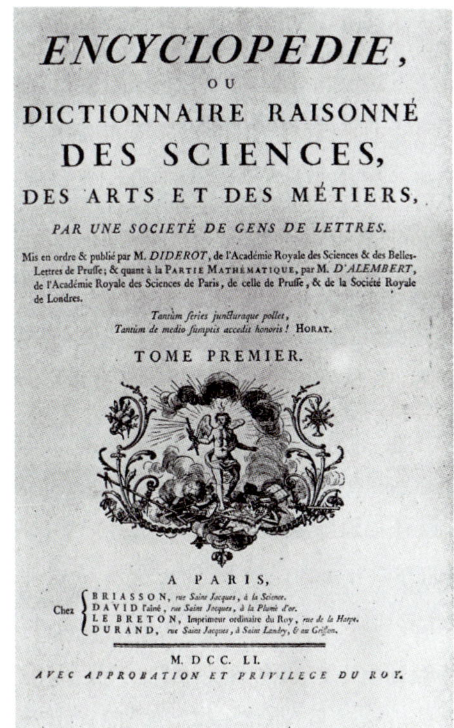

ENCYCLOPEDIE,
OU
DICTIONNAIRE RAISONNÉ
DES SCIENCES,
DES ARTS ET DES MÉTIERS,
PAR UNE SOCIETÉ DE GENS DE LETTRES.

Mis en ordre & publié par M. DIDEROT, de l'Académie Royale des Sciences & des Belles-Lettres de Prusse; & quant à la PARTIE MATHÉMATIQUE, par M. D'ALEMBERT, de l'Académie Royale des Sciences de Paris, de celle de Prusse, & de la Société Royale de Londres.

Tantùm series juncturaque pollet,
Tantùm de medio sumptis accedit honoris! HORAT.

TOME PREMIER.

A PARIS,
Chez BRIASSON, rue Saint Jacques, à la Science.
DAVID l'aîné, rue Saint Jacques, à la Plume d'or.
LE BRETON, Imprimeur ordinaire du Roy, rue de la Harpe.
DURAND, rue Saint Jacques, à Saint Landry, & au Griffon.

M. DCC. LI.
AVEC APPROBATION ET PRIVILEGE DU ROY.

图 4
《百科全书》扉页
1751 年

图 5
蓬帕杜尔夫人肖像
弗朗索瓦 · 布歇
1756 年
布上油彩
201cm × 157cm
老绘画陈列馆，慕尼黑

开始了反击。洛可可风格的绘画也许算得上视觉的盛宴，实际上却缺乏灵魂与精神。启蒙主义批评家与作家宣称，艺术不应当仅仅被当作装饰或迎合人的感官享受。他们敦促艺术家创作有内涵的艺术作品，在感动观者的同时给予观者教益，为社会提供改善行为的典范。狄德罗称："首先得感动我、震撼我，把我撕成碎片；让我战栗、哭泣、震颤，让我愤怒；接着，如果你有能力，安抚我，让我擦干眼泪。"对众神情爱和卖弄风情的牧羊人与牧羊女等创作主题的热捧开始消失，取而代之的是充满英雄气概、崇高与自我牺牲精神的古代英雄与哲学家，以及忠于妻儿的家庭理想。不过，很多人却对卫道士们的劝诫之声充耳不闻。新贵们并不乐意在奢华乡村别墅里被一堆乏味的道德说教围绕，而艺术家们也一如既往地追随大众的趣味，选择热销的题材而非听从对艺术品一毛不拔的知识分子的说教。

17 总而言之，雅克-路易 · 大卫成长在一个充满矛盾与冲突的社会与艺术环境里，变革一触即发。1748 年 8 月 30 日，大卫生于巴黎临近塞纳河的美集薛西码头（Quai de la Mégisserie），同日在艺术家的教

图6
巴黎苏比斯府邸的公主沙龙内部
夏尔-约瑟夫·纳图瓦尔
1736—1739年

堂圣日耳曼奥塞尔教堂[1]受洗。大卫的父亲路易-莫里斯是一位铁制品批发商人，生意摇摇欲坠，却自命不凡，力争往上爬。1746年5月26日，路易-莫里斯迎娶了系出共济会建筑世家的玛丽-热纳维耶芙·比龙，比龙同时也是著名的洛可可画家弗朗索瓦·布歇（1703—1770年，其作见图5）的远房表亲。决心改变自己社会地位的路易-莫里斯在政府部门买了一个小职位（捐官是18世纪法国社会的常态），之后却沉溺于贵族绅士阶层的决斗文化，最终死于1757年12月的一场火枪决斗，年仅35岁。此后，大卫的母亲几乎对他的成长没有产生重要影响，他由舅舅弗朗索瓦·比龙（1731—1818年，见图7）与姨父雅克-弗朗索瓦·德迈松（约1720—1789年，见图8）抚养，两人都既是建筑师也是建筑承包商。大卫从寄宿学校与四国学院接受了良好的古典学教育，不过还算不上饱学之士。尽管如此，大卫的家人仍然希望他能从事建筑、医学或者法律一类的职业。当得知他有志成为艺术家时，大卫的家人备感失望，毕竟艺术家这行在当时通常被视为小买卖，称不上体面的职业，自然配不上大卫这样的资产阶级青年。也正是意识到这些社会偏见，大卫立志穷尽一生证明艺术不只是匠人的工艺，而是高贵的智性追求。

1 圣日耳曼奥塞尔教堂（St Germain l'Auxerrois）始建于7世纪，位于巴黎卢浮宫广场2号，是一座罗马天主教教堂，曾是卢浮宫附近居民的教区教堂。在法国旧制度时期，它以"艺术家的教区"（parish of artists）或"圣德尼的英才"（Saint Denis of Genius and Talents）之名著称（圣德尼为法国主保圣人），许多艺术家葬于此处，因而文中称之为"艺术家的教堂"（the artists' Church）。——编注

Seller，图 9）一画，其灵感来自临近赫库兰尼姆的格拉尼亚诺新近出
土的古代壁画上的线刻图，主题的处理方式却带着一丝隐晦的情色暗 20
示：画中被揪住翅膀的丘比特暗示着性满足。这幅作品的图像灵感虽来自古代经典，但实际是一幅披着古风外衣的洛可可绘画。

像古往今来的许多年轻艺术家一样，大卫最初也是以自己亲近的亲戚为肖像画的模特。除了舅舅比龙（见图 7），他还画过舅妈玛丽-约瑟芬及她的女儿玛丽-弗朗索瓦丝（图 10）。尽管这两幅画并未彰显大卫的早慧，但它们显现出画家与画中人近距离的接触以及他们之间心意相通的关系，这预示着日后大卫肖像画的成功。

图 10（对页）
玛丽-弗朗索瓦丝·比龙肖像
约 1769 年
66cm × 54cm
阿尔及利亚国家美术馆，阿尔及尔

1766 年 9 月，大卫进入皇家绘画与雕塑学院学习，其家庭关系确保了他在整个求学阶段都能免受穷困与饥寒的困扰。学院成立于 1648 年，设在前王宫卢浮宫（图 11）内，这里也是一些学术团体的所在地，大大小小的艺术家画室与宿舍也都安排在这里。学院唯一的科目是素描，因为时人认为素描是绘画与雕塑的共同基础。为缴付学费，学生会进入一位被广泛认可的大师的画室，这类大师通常也是学院的
院士。画室的训练从临摹素描与雕版画开始，随后研习著名的古代雕 21
塑的石膏复制品，直到学生掌握足够的技巧与经验，他们才获准进入

图 11
18 世纪末的卢浮宫
默尼耶绘制，奈伊版刻

图 14
密涅瓦大战玛尔斯
约瑟夫-伯努瓦·苏维
1771 年
布上油彩
143cm × 103.5cm
美术博物馆，里尔

说这次失败“损害了我的成长，如果不是因为这次失败，我能提前四
24 年脱离我在罗马费了很大劲才摆脱的法国学院派的坏风格”。参加这
次比赛，大卫的导师维安并不知情，后者告诫过他，如此严肃的比赛
不该轻率参加。此外，比赛的结果也让大卫深感愤怒，因为他强烈怀
疑部分评审员（也许还包括维安）利用他们的影响力左右比赛的结
果。大卫第一次品尝到随后将笼罩他整个职业生涯的阴谋论的恐惧和
疑神疑鬼的妄想。第二年，大卫再次败北，而这一次，他之前所怀疑

的事得到证实：刚开始大卫位列并列第一，接着一场阴谋开始酝酿，投票结果发生变化，大卫最终发现夺得大奖的除了优异的皮埃尔-夏尔·荣伯（生于1748或1749年，见图15），竟然还有平庸不够格的阿尼塞·夏尔·加布里埃尔·勒莫尼耶（1743—1824年，见图17）。当年的竞赛题目《阿波罗与狄安娜攻击尼俄柏及其子女》（*Apollo and Diana Attacking Niobe and her Children*）是奥维德《变形记》中的一段情节：尼俄柏自称比阿波罗与狄安娜的母亲勒托更高贵，为了惩罚狂妄自大的尼俄柏和她的孩子们，阿波罗与狄安娜合力用箭雨射杀了他们。行事冲动的性情对大卫的比赛也毫无助益：未等第一层颜料干透，他就试图覆盖画面重画，结果使得新画面色彩暗淡，毫无光泽（图16）。极为失望的大卫试图绝食自杀，但心意并不坚决，加之友善且富于同情心的学院院士加布里埃尔-弗朗索瓦·杜瓦扬（1726—1806年）的排解，不久他便听从劝告，恢复了生机。1773年，大卫再次受挫，这次遇到的倒是一位非常有竞争力的对手——皮埃尔·佩龙（1744—1814年）。佩龙的《塞内加之死》（*The Death of Seneca*）今佚，但从保存下来的雕版画（图18）看，具有简洁、崇高和朴素的特质——这些品质正是启蒙思想家对法国艺术的诉求，他们呼吁法国艺术脱离轻佻、享乐主义的洛可可风格，转向能够传达品德教益的严肃而充满道德感

图15（左下）
阿波罗与狄安娜攻击尼俄柏及其子女
皮埃尔-夏尔·荣伯
1772年
布上油彩
140cm × 110cm
国立高等美术学院，巴黎

图16（右下）
阿波罗与狄安娜攻击尼俄柏及其子女
1772年
布上油彩
120cm × 152cm
私人收藏

26

图 17

阿波罗与狄安娜攻击尼俄柏及其子女

阿尼塞 · 夏尔 · 加布里埃尔 · 勒莫尼耶

1772 年

布上油彩

141cm × 112cm

美术博物馆，鲁昂

图 18
塞内加之死
皮埃尔 · 佩龙
1773 年
雕版画
12.5cm × 14.5cm

的艺术风格。相比之下，大卫的作品（图 19）喧闹，充满戏剧性但缺乏厚重感，完全没有描绘出被罗马暴君尼禄赐死的塞内加自杀时所表现的尊严与克制。大卫的作品反而更关注塞内加与其妻子保丽娜饱含深情的话别。

大卫虽痛失 1773 年的罗马奖，但作品《悲痛》（*Sorrow*，图 20）
获得了最佳头像素描奖，这令他颇感满意。这类充满情感的头像素描
与油画后来成了大卫的专长之一，他对描绘对象的精细观察与对写生 27
的重视，也使得他的历史画更富有意涵、更加微妙。此时，他还得到
了一份委托，为著名的芭蕾舞蹈家玛丽–马德莱娜 · 吉马尔的新府邸
绘制装饰画。这个令大卫欢欣鼓舞的订单缘自吉马尔女士与她的首选
画家让–奥诺雷 · 弗拉戈纳尔（1732—1806 年）发生了争执。据说，
弗拉戈纳尔为了报复吉马尔，在大卫的作品完成后，偷偷溜入别墅，
篡改了壁画中被描绘成舞蹈之神忒耳普西科瑞的吉马尔的头像。寥寥
数笔，带着微笑的吉马尔的脸变成了扭曲的鬼脸。幸运的是，大卫恢
复了作品的原态。弗拉戈纳尔是当时最知名、最一画难求的艺术家之

一，大卫能取而代之接下这个项目，也表明这位年轻的艺术家被看作
29 一位有前途的（同时也更便宜的）洛可可画家。虽然弗拉戈纳尔与吉马尔女士之间有过节，但这种嫌隙并没有牵涉他与大卫；相反，大卫拜访了这位长者，请求他准许自己完成已开始的绘画，弗拉戈纳尔也颇有风度地应允，能借机摆脱恼人的赞助人与毫无好处的工程，对弗拉戈纳尔而言或许也算一种解脱。然而可惜的是，大卫的室内装饰画已经荡然无存。挥霍无度的吉马尔女士于 1786 年宣告破产，别墅随之被拆毁，里面的装饰画也被拍卖一空。唯一能让人能想起这桩往事的是大卫为其赞助人画的一张肖像（图 21），迷人的画中人再次证明画家对愉快轻佻的画风是何等驾轻就熟。画中，吉马尔依然被描绘成女神忒耳普西科瑞的化身，不过看起来却更像优雅的牧羊女而非古典时代的缪斯女神。

图 19
塞内加之死
1773 年
布上油彩
123cm × 160cm
小皇宫博物馆，巴黎

图 20
悲痛

1773 年
纸上色粉笔
53.5cm × 41cm
国立高等美术学院，巴黎

图 21
扮作忒耳普西科瑞的吉马尔小姐肖像
1773 / 1774 年
布上油彩
195.5cm × 120.5cm
私人收藏

30 次年，大卫凭借构图更加冷静、戏剧冲突更加集中的《安条克与
斯特拉托尼斯》（*Antiochus and Stratonice*，图 22）一画，结束了他那充
满苦痛的罗马奖奥德赛之旅。据说听到获胜的消息的那一刻，大卫感
叹道：“四年来，我终于可以第一次长舒一口气了。”绘画里的故事说
的是年轻的叙利亚王子安条克，因身患重病只能卧床休息，精明的医
生埃拉西斯特拉图斯发现，每当王子的新继母斯特拉托尼斯进入房间，
他的病人的情绪就变得异常激动。要治愈王子的相思病，唯一的解药
便是王子的父亲塞琉古放弃新娘。为挽救儿子的性命，国王只能忍痛
割爱。大卫极富技巧地将医生诊断与父亲放弃新娘这两个瞬间浓缩在
一个场景中，他甚至为迎合评审的好恶，按捺住了他绘画里时常流
31 露的热情天性。他似乎还从上一年的优胜者佩龙那里学到了很多东

西，在1814年佩龙的葬礼上，据传大卫曾言："他让我睁开了双眼。"

那时，大卫住在他的教父米歇尔-让·塞代纳（图23）舒适的卢浮宫的公寓里。塞代纳不仅是剧作家与歌剧作词者，还是建筑学院的秘书，他扮演着大卫生命中又一位父亲角色。他们的关系非常亲密，以至于当时有传闻称塞代纳是大卫的生父。塞代纳为大卫进入知识分子圈打开了大门，深知社交礼仪的大卫在这些圈子里如鱼得水。但是，尽管他与生俱来的特权使他在很多方面优越于他的同学，但困扰他的问题是靠金钱与社会关系无法改变的。大卫从学童时期便患有语言障碍，后来他在维安画室时与同学击剑比赛，左脸颊受伤，症状更加严重。因此形成的肉质非恶性肿瘤让他的言语更让人难以理解。大卫选择用视觉手段表达自己也许并非巧合，甚至可以说，语言表达能力愈衰退，他的决心也愈坚决，画面也愈清晰有力。

图22
安条克与斯特拉托尼斯
1774年
布上油彩
120cm × 155cm
国立高等美术学院，巴黎

图 23
米歇尔-让·塞代纳肖像
约 1772 年
布上油彩
55cm × 45cm
私人收藏

32 就在大卫获得罗马奖的那一年，法国也迎来了新国王。1774 年
5 月，64 岁的路易十五死于天花，他年仅 20 岁的孙子路易·奥古斯
特继任，成为法国国王路易十六（图 24）。虽然新国王热衷游猎而非
艺术，但他的顾问大臣向他进言艺术的重要性。只要精心挑选恰当
的主题，历史画可以成为巩固民族认同感和褒奖道德与爱国主义的
有效助力，更重要的是宣传集权君主积极支持艺术的开明形象。于
是，1775 年，国王的私人朋友、曾从过军的昂吉维莱尔伯爵夏尔-克洛
德·德·弗拉奥·德·拉比亚尔迪埃（图 25）被任命为国王的建筑署
34 署长（类似于美术大臣）。通过他，更多的资金被用来资助充满爱国
主义与教育说教的历史画创作。长期以来处于资助匮乏的严肃绘画终
于获得充足的资源，这对一位刚走上职业之路的雄心勃勃的画家而言
可谓幸运时刻。

获奖之后，大卫在巴黎住了一年，1775 年 10 月踏上了罗马之旅。
一个月的路程，缓慢艰苦，不乏艰险。其间，大卫在博洛尼亚与佛罗
伦萨停留，研习那里收藏的重要艺术品。大卫的老师维安也新近被任
命为罗马法国学院的院长，所以大卫便加入了维安一行。从 18 世纪中
期开始，罗马重新成为欧洲艺术世界的中心，部分原因是 1738 年赫库
兰尼姆与 1748 年庞贝城的考古发现（图 26）重新燃起了人们对古代
的兴趣，而新古典主义理论的主要缔造者德国人约翰·约阿希姆·温
克尔曼（图 27）论述古代艺术的著作也推动着复古潮流。在《关于在
35 绘画和雕刻中模仿希腊作品的一些意见》（1755 年）中，温克尔曼写

图 24
路易十六肖像
安托万-弗朗索瓦·卡莱
1788 年
布上油彩
278cm × 196cm
凡尔赛宫国家博物馆

道："如果模仿可能的话，我们的艺术走向伟大的唯一途径便是模仿古人。"这里他所言的模仿，并非简单地复制古代作品，而是完全沉浸在古典世界之中，由此创造出具有古典精神的艺术作品。温克尔曼认为，艺术在公元前 5 世纪的雅典雕塑家菲迪亚斯时代就已得到极致的表达，那个时期也被称为艺术、文学与政治的"黄金时代"。他还指出，"希腊艺术中最显著的特征是人物姿态与表情所显现出的高贵的单纯与静穆的伟大"，所有的品质都表现在《拉奥孔》(*Laocoön*，图 28）之中。《拉奥孔》于 1506 年在罗马被发掘出土，被认为是古典时期留存下来的最伟大作品之一。

当时的罗马城云集着从世界各国来的艺术家、贩卖艺术品与古物 36

图 25
昂吉维莱尔伯爵肖像
约瑟夫・西弗莱・迪普莱西
1779 年
布上油彩
144cm × 106cm
凡尔赛宫国家博物馆

（其中不乏赝品）的商人、大量的外国游客以及艺术鉴赏家。其中最受瞩目的是英国年轻贵族为完成其古典教育而举办的环游欧洲的“大旅行”。参与“大旅行”的游览者在回国时，通常会带上几幅以罗马为背景的自己的肖像画（如图 29）以及几件古代雕塑品。近距离接触古代文明感受其影响，虽然是大旅行活动的主要目标，却也是一个逃离父母管束、和其他年轻人一同纵情享乐的大好机会。

图 26
珀尔修斯解救安德罗墨达
壁画残片，出自庞贝城狄奥斯库里得斯之屋
公元前 1 世纪中期
122cm × 100cm
国家考古博物馆，那不勒斯

图 27
约翰·约阿希姆·温克尔曼肖像
安东·拉斐尔·门斯
约 1761—1762 年
布上油彩
63.5cm × 49.3cm
大都会艺术博物馆，纽约

那么，大卫对罗马的期待又是什么呢？显然，他并没有期待太多。这个城市虽然散发着艺术光芒，但炎热且不利于健康的气候、破败的路面、荒芜的耕地、有害的沼泽地繁殖着数以百万计的蚊蝇，完全是发展滞后的城市标本。对这次游学，大卫有时感到它更像是一种义务而非特权，所以最初他似乎对旅行的态度相当冷淡，并且极不愿意改变原有的艺术手法。在离开巴黎之前，他被告知千万不要让这次罗马的经历影响到他的作品，他回应说：“古董诱惑不了我，它既没有活力，又僵死不动。”但五年的罗马生活（1775—1780 年）彻底改变了他的艺术。虽然大卫曾经声称改变他的是 1779 年 7 月至 8 月的那不

图 30
罗马科尔索大街的曼奇尼宫
乔瓦尼 · 巴蒂斯塔 · 皮拉内西
蚀刻和雕版
38cm × 61.5cm

1779 年，大卫的朋友、雕塑家安托万 · 莱昂纳尔 · 迪帕基耶（1748—1831/1832 年）就因为傲慢抗议维安的制度而被遣回巴黎。

大卫到达罗马后的第一批习作是罗马古物与地标建筑的素描，这些都是学生速写本上的常见内容（图 31、图 32）。他画了两大本古代雕塑的素描，其目的是希望在回到法国后，这些素描能为日后创作提供图像素材。这些年轻的艺术家通常会竭尽可能地绘制大量的古物素描，毕竟大多数学生一生只有这么一次来罗马的机会。大卫在罗马绘
42 制的第一幅大型油画速写是《帕特罗可洛斯的葬礼》（*The Funeral of Patroclus*，图 33），从中还看不到这座城市对大卫的影响。故事取材自荷马的《伊利亚特》，画面上漫无边际的动荡场景与极小的人物的结合，延续着大卫离开巴黎时的风格。画面中心，希腊勇士阿喀琉斯怀抱被特洛伊国王之子赫克托尔杀死的挚友帕特罗可洛斯。下方，被复仇的阿喀琉斯杀死的赫克托尔的尸体已被绑在战车背后，正要被拖回营地。在左边，一群特洛伊王子正要被作为祭品送入柴堆。然而，如此黑暗而嗜血的主题，经过闪亮的高光与阴影处理，消除了观者的悲伤或恐惧感。如果大卫有机会将草图发展成完整的画作，他可能会让画面更具戏剧性，可惜的是他始终未完成这幅作品。这幅草图于 1779 年 4 月被送回巴黎交院士们评审，他们的报告指出：星星点点的高光

图 31
密涅瓦
1776 / 1777 年
蘸水笔，墨水淡染
21.2cm × 15cm
卢浮宫博物馆，巴黎

图 32
台伯河与圣天使城堡的风景
1776 / 1777 年
黑粉笔，灰色淡染
16.6cm × 22cm
卢浮宫博物馆，巴黎

图 33

帕特罗可洛斯的葬礼

1778 年

布上油彩

94cm × 218cm

爱尔兰国家美术馆，都柏林

圣母脚下焦躁不安的年轻人以吉安洛伦佐·贝尼尼（1598—1680 年）1619 年左右所作的半身雕像《受诅咒的灵魂》（*Anima Damnata*）为蓝本，而这件雕塑的灵感则来自卡拉瓦乔 1592—1593 年所作的《被蜥蜴咬住的男孩》（*Boy Bitten by a Lizard*）。在画这幅作品时（事实上，在大卫此后创作许多画作时），大卫始终被怀疑与不确定所困扰，以至于
他曾请求维安来画室，询问他对画面左侧的瘟疫病人的看法。维安觉 51
得画得不错，但想不到就在同一天，大卫请求他再来一趟画室。维安说：“什么？我早上才刚刚看过！”大卫答道：“不，我又重画了。”面对性急的学生，维安说：“你个可怜虫，你可能因为太想画得更好而破坏和摧毁了这件作品。”不过，事实证明大卫的判断是正确的，完成后的《圣罗克》大受欢迎。罗马最德高望重的画家篷佩奥·巴托尼（1708—1787 年）对大卫说：“我在罗马住了 50 多年，见过来自各国的画家。我熟知他们所有人的作品，但我想不出能有哪幅作品可以与

图 39
圣罗克请求圣母治疗瘟疫患者
1780 年
布上油彩
260cm × 195cm
艺术博物馆，马赛

图 40
圣母显容于圣雅各
尼古拉·普桑
1629 / 1630 年
布上油彩
301cm × 242cm
卢浮宫博物馆，巴黎

你的媲美。”他鼓励大卫留在罗马发展事业：“年轻人，不要回到法国去，你完全有潜力接替我在这座城市的地位。”维安对他的学生也非常满意，据当时一位知情人士透露，从天而降的成功喜悦让大卫冲昏了头脑，他开始傲慢地对待同学，觉得自己高他们一头。大卫理所当然地认为，雇主所出的报酬如此微薄，这幅绘画必然远远超出了他们的期待，所以他提出了追加酬劳的要求。大卫对自己作品的商业价值素来有着非常清晰的认识（有人认为是过高估计），他从来不惧告诉赞助人与客户他认为的恰当价格。他将这幅作品保留了两年，才将它送往马赛，而昂吉维莱尔伯爵则对这幅作品未能进入巴黎的王室收藏感到非常遗憾。作品到达马赛后更备受珍爱，最终没有挂在常人不便接触的传染病院教堂内，而是进入了该市的卫生局。作品到位后，大卫获得了 350 里弗的追加酬劳。

借着《圣罗克》的宣传效应，大卫得到了一项报酬极为丰厚的委托，为波兰贵族斯坦尼斯拉斯·波托茨基伯爵画一幅肖像（图 41）。这幅画的创作虽然开始于罗马，但实际完成于大卫回到巴黎之后。波
52 托茨基系出波兰最有名望的家族之一，凭借妻子的嫁妆，一夜之间成了巨富。他开始收藏艺术品，也因此才能在旅行至意大利时订购一幅如此巨大的肖像画。他也是一位学者，翻译并评注了温克尔曼的论著，这也为他赢得了“波兰的温克尔曼”的雅号。很显然，他的肖像画必须令人印象深刻并暗示他的身份。为此，大卫选择了骑马像，描绘骑在马上的伯爵无比自如地驯服了受惊的马，这不仅是一位绅士的标志，也让人联想古代亚历山大大帝驯服烈马布西法拉斯（Bucephalus）的故事。骑马像长久以来被作为暗示统治者权力与权威的图像形式，用控制动物来比喻统治臣民的能力，因为动物并不知道御者的头衔，只
53 服从其坚定而自信的驾驭能力。大卫借鉴了伟大的巴洛克肖像画家安东尼·凡·代克（1599—1641 年）的创作（图 42），绘了一幅尺寸和效果与之非常相近的骑马像。其鲜亮的色彩与生动的笔触，迥然不同于大卫同一时期的其他肖像作品，这也表现出大卫正在发展新的技巧。全画展现出画家严格的控制力：光线均匀地分布，没有了他早期肖像画中随机分布的散乱高光。右侧的对角线光源避免了波托茨基的面部

左侧过于明亮，投在骑术学校地板上的长长的马腿的阴影则成为全画最显著的戏剧效果。相比之下，画家对波托茨基的刻画则显得有些平淡，以至于后来波托茨基的姑姑科萨科夫斯卡又请人重画了脸貌以增加与本人的相似度。幸运的是，重画的部分随后被清理，我们现在看到的作品仍是大卫的手笔。大卫在画面左下的达尔马提亚犬的颈圈上
署着自己的名字与日期。这仅仅是艺术家别出心裁的玩笑，还是对肖 54
像画家依附于富有客户的赞助及其善意的奴性本质的嘲讽？无论是哪一种答案，这幅作品给大卫带来了可观的收入，他从波托茨基那里得到了 3500—5000 里弗。

在罗马，大卫成长为一位艺术家。洛可可的精巧和装饰性表面被更具戏剧性、更写实的风格所取代。大卫心无旁骛且意志坚定，绝不

图 41

斯坦尼斯拉斯·波托茨基伯爵肖像

1780 年

布上油彩

304cm × 218cm

波兰国家博物馆，华沙

图 42
马背上的萨伏伊亲王托马斯
安东尼 · 凡 · 代克
1634 年
布上油彩
315cm × 236cm
萨包达美术馆，都灵

在意那些试图影响罗马艺术访客的同时代艺术家，只以古代经典为发展个人风格的基础。大卫没有选择以古代和文艺复兴的冷静与和谐为美学原则，而是用 17 世纪的艺术语汇来描绘他想象出的一个充满活力和力量的古代世界。

《圣罗克》和《波托茨基伯爵肖像》的成功驱散了大卫的自我怀疑，让这个充满野心的艺术家坚信回到祖国的时机已到，他拒绝将奖学金延长至第六年。这样大胆地决断后，他便也已偏离了维安和昂吉维莱尔为他勾画的职业道路。大卫瞄准了更大的目标 —— 成为学院院士，获得名利双收的王家委托。至少在他看来，在巴黎等待他的将是名望与财富。

第二章 图绘德行与爱国主义

立名启蒙时代的巴黎

1780年7月17日，大卫离开罗马，回到巴黎时已接近9月底。他 57
在巴黎的首要目标就是成为学院的一员，因为王家在分配绘画项目时，院士总能够获得最能带来声望的委托。不仅如此，学院院士还垄断着两年一度在卢浮宫举办的唯一大型艺术公开展览——沙龙。要成为学院院士，艺术家要向所有院士展示他/（或极少情况下）她的作品。如果作品获得认可，申请人就会获得见习院士（agrée）的头衔。接着要完成一幅由学院指定题目的作品，只有这件作品获得认可，才能成为正式的院士（reçu）。大卫原想向学院提交《圣罗克》和一些罗马时期的作品来申请院士资格，但遭到了国王首席画家让-巴提斯塔·皮埃尔（图44）的否决。12月1日，皮埃尔写道："大卫先生的这件作品［《圣罗克》］可以用来做认证（agrément），他的裸体画也可以。但是如果他想获得院士的资格，必须在巴黎完成一幅作品。这是具有法律效力的惯例。"这种执着于惯例的做法令大卫怒火中烧，1793年8月，他公开对学院、学院的特权及其过时的规章陈习发难，当时这样的想法在他脑中盘旋不去：

> 一个年轻人，从意大利回来之前就有令人不安的荣誉，他想申请加入学院；一位学院院士［极有可能是杜瓦扬，因为维安还在罗马］还没有被学院盛行的精神侵蚀，在考查了这位艺术家的作品后，对这位年轻艺术家的作品给予了热情洋溢的评价。一位老院士［皮埃尔］已经获得了学院所能给予的所有荣誉，他无精
> 打采却长久地霸占着学院所有的职位……严肃地说："先生们， 58
> 即便按他们所言，这个年轻人颇有天赋，但我本人认为没有必要让他加入我们。先生们，请记住要保持人才的均衡，均衡。"出于对这种合理观点的神圣尊重……他们垂下头，双手交叉抱在胸前，赞扬他们的同僚的见解真是高明。他们一同高呼"人才均衡！均衡！"，所有这些不过是为了阻止一个年轻人提前两年成名，因为当时沙龙每两年才举办一次。他们甚至声称，在没有公开展览之前，他不应该被录取，所有的职位都填满了，太多候选人在同一时间申请……

图43
安德洛玛刻哀悼赫克托尔
1783年
布上油彩
275cm × 203cm
国立高等美术学院，借寄卢浮宫博物馆，巴黎

图 44
让-巴提斯塔 · 皮埃尔肖像
纪尧姆 · 瓦里奥
1759 年
布上油彩
130.5cm × 97.5cm
凡尔赛宫国家博物馆

身为国王的首席画家和学院院长的皮埃尔，与昂吉维莱尔伯爵无间合作，一起推动着法国历史画的改革并加强学院的权威。皮埃尔是个有
59 钱的势利小人，他实际上为专注行政工作而放弃了绘画，很享受利用权力来羞辱艺术家。他习惯以用“tu”（你）来称呼他们，而这个人称代词通常用于孩子与仆人。他在圈子里非常不受欢迎，尽管有时他也支持大卫，但是两人的关系很快变得紧张，互相厌恶。

为了创作一幅新画，大卫从古代历史里选择了一个能吸引同时代人的主题——贝利撒留（图 45）。贝利撒留是拜占庭查士丁尼大帝身边最成功也最忠诚的大将。最早讲述这个故事的是贝利撒留的秘书、凯撒利亚的普洛科皮乌斯与拜占庭的作家约翰内斯 · 采策。贝利撒留取得了对汪达尔人、哥特人和保加利亚人的重要胜利，但后来却卷入政治阴谋，被指控犯有叛国罪，名誉扫地。他被放逐，甚至沦为乞丐，有个版本还说他甚至被挖出双目。此外，贝利撒留还是让·弗朗索瓦·马蒙特尔1767年小说中的人物，这位大将被重新塑造成一位蒙受了巨大冤屈的哲人，他抨击王权的懦弱腐朽和公民道德败坏。马蒙特尔笔下的贝利撒留即便被诬告、遭受刑罚并最终被定罪，但仍然对皇帝忠心耿耿，查士丁尼及其继承人查士丁二世也都秘密地拜访这位老将军，征询他的建议。很快，人们便从查士丁尼对待贝利撒留的方式中，看到了它与当时国王路易十五怯弱的统治之间的相似性——即哲人们已经概括总结的腐败、虚荣奢侈和道德松弛。书中贝利撒留呼吁对异教徒宗教宽容，很可能关涉当时对新教徒的迫害，同时也意味着马蒙特尔的书会受到巴黎索邦大学神学院的谴责。同时，当代生活中也在涌现今日的“贝利撒留”——拉利伯爵、托隆达男爵托马斯·阿蒂尔。1761年法国被迫在本地治里（Pondicherry）向英国投降，这次失败终结了法国在印度建立殖民地的 62
梦想。拉利伯爵这位曾经的军事英雄，成了这次失败的替罪羊，他被控叛国罪与临阵脱逃罪，在被关押了两年之后，终被送上法庭，于1766年被处以死刑。面对如此骇人与不公的判决，伯爵的儿子和伏尔泰领导了持久的抗议活动，并于1778年成功地为他洗脱冤屈。选择贝利撒留的故事表明大卫对宫廷与自由派知识界的最新潮流有着精准的把握能力。昂吉维莱尔伯爵曾是军人，在他的管理之下，军事题材的历史画尤其受到奖掖，正因此，大卫非常精明地选择了这个既具有古典魅力又能引起时代共鸣的题材。选择这样的题材让他在获得官方的关注之外，以作品表现出的对苦难与时政的关怀获得了公众的认可。

实际上，早在1779年大卫就接触到贝利撒留这一主题，他当时还在罗马，从佩龙那里借到了马蒙特尔的小说。随后，他就为这个主题画了一幅精细的素描（图46）。有一种观点认为，画中的场景很可能受到了一幅据传为凡·代克所作的画作的雕版画的启发，但是现在这幅 63
画作（图47）的作者被重新鉴定，认为其出自17世纪热那亚画家卢恰诺·博尔佐内（1590—1645年）。博尔佐内的画中，双目失明的贝利撒留被几个妇女、一个孩童与一个之前他手下的士兵围住，他伸出手向他们乞讨。画中所有的人都身着17世纪的服饰，看不出画家有重塑6世纪拜占庭情境的努力。大卫画中的建筑布景及其细节还参考了马蒙

图 45

乞讨的贝利撒留

1781 年

布上油彩

288cm × 312cm

美术博物馆，里尔

图 46
士兵认出贝利撒留
1779 年
蘸水笔，墨水淡染，白色高光
45cm × 36cm
巴黎综合理工学院，帕莱索

特尔小说中于贝尔·格拉沃洛所绘的插图。大卫的创作很可能开始于 1780 年 11 月左右，他当时的画室设在巴黎市政厅的顶层。或许是为了节省精力，他将素描中的竖直的画面调整为水平构图。素描与油画作品描绘了同样的场景——贝利撒留伸出手接受一位妇女的施舍时，被过去自己手下的一名士兵认出——这一场景未见于此前的任何文字叙述，完全出自大卫的创造。为了这幅画，大卫仔细研究了同代画家让-巴蒂斯特·格勒兹（1725—1805 年）的作品特征。格勒兹的作品，例
64 如 1761 年的油画《乡村婚约》（*Village Betrothal*，图 48），创造出一种简单而直接的乡村道德场景。此外，还有证据表明，大卫画中的人物来自画家对真人的写生：大卫最早的学生之一菲利普-奥古斯特·埃内坎（1762—1833 年），就是画中贝利撒留的帮手小男孩的模特。

从 18 世纪 70 年代开始，贝利撒留这一题材开始流行起来，大卫同辈画家中的竞争者佩龙和弗朗索瓦-安德烈·樊尚（1746—1816 年）都画过自己的版本。在佩龙的作品（图 49）中，一位从前在贝利撒留手下服役的士兵（如今已是归田的农民）认出贝利撒留，他向人们称赞贝利撒留是这个乡村家庭的保护者与救世主，同时还热情地款待了他。樊

图 47
乞讨的贝利撒留
约 17 世纪 20 年代
博斯根据卢恰诺 · 博尔佐内的画作所作的雕版画

尚画中的贝利撒留（图 50）沦落为乞丐，从查士丁尼的士兵手中接受
施舍。樊尚的画里没有相认的场景，失明的前将军完全没有注意到施舍
者的身份。樊尚采用了非正统的手法，塑造了一组半身人物，这种图像
在当时的法国非常罕见。大卫嗅到了竞争的气息，决心要超越佩龙与樊 65
尚，于是精心设计了一个戏剧性的时刻，配合以强有力的直接表现手
法，以营造一个引人注目又让人感动的故事画面。同时，在《乞讨的贝
利撒留》[1] 中，大卫还采用了前所未有的画幅——2.9 米 ×3.1 米的尺幅
是佩龙或樊尚作品的 7 倍多。

大卫的《贝利撒留》是第一幅完整体现英雄主义与单纯风格的新古典主义绘画作品。这幅作品主题严肃，风格冷静，充满理性。画中不多的几个人物，就像一出舞台剧，交流着有意义且易于理解的手势。《贝利撒留》是一幅关于善行、同情、精忠爱国以及命运多舛的画作。画中一个女人将一枚硬币投进贝利撒留的小帮手举着的头盔里（这一情节的灵感可能来自樊尚），就在那一刻，一位之前在将军手下的士兵认出了将军，他举起了手，满是震惊和出乎意料。大卫在画面右下角的标记石上写了一句拉丁文——“Date Obolum Belisario”，意为“给贝利撒留一

1 下文简称《贝利撒留》。——编注

图 48
乡村婚约
让-巴蒂斯特 · 格勒兹
1761 年
布上油彩
92cm × 117cm
卢浮宫博物馆，巴黎

枚欧布鲁斯（obolus，古希腊的银币）”，这是为了向观众揭示年迈将军的绝望处境，引发观众的慈悲心肠。这一出自古典时期的基督教传统的场景明显对当时还有着教益。贝利撒留流浪、被流放、失明等特征都让人联想起荷马的形象，大卫在刻画贝利撒留的面部特征时似乎也在强调这些相似性。许是为了凸显处境的剧变，老将军坐在地上乞讨时背倚的建筑近似凯旋门或者城门的形态。无论是哪一种情况，画家的目的都在于表现命运变幻无常带来的苦难与孤立感。凯旋门多是为了授誉于打了胜仗的将军，它在画面中的讽刺意味是明显的。贝利撒留被逐于城墙外乞讨，他显然已被社会遗弃。

这幅作品的整体安排，包括由凹槽半柱、远景的方尖碑、人字形
66 墙的建筑构成的建筑背景所起的主要作用，很大程度上体现了普桑对大
卫的影响。狄德罗等评论家频繁谈论普桑的绘画，将其视为高贵、严肃

图 49
贝利撒留接受归农的过去手下的士兵的盛情
皮埃尔·佩龙
1779 年
布上油彩
93cm×132cm
奥古斯丁博物馆，图卢兹

和带有智识品质的典型代表，应作为新世代法国艺术的典范。佩龙是新一代历史画家中有意识地追随普桑的第一人，但大卫很快也开始学习普桑画中的构图与人物布局。这最早表现于《圣罗克》（见图 39）与《贝利撒留》，但在《贝利撒留》中，大卫已经能赋予人物以更多的个性和情感，以区别于普桑画中那些宛如戴着面具的朴素人物。但是，从前辈艺术家那里吸取经验并没有帮助大卫解决他在后缩景深与透视上的痼疾。画面的左边，女性后退的脚与士兵双足之间的空间关系就存在错误，垂直相交的路面的后缩景深也处理不当。正如托马斯·克劳观察到 67
的，这种问题可能因大卫将格拉沃洛书籍插图的小构图放大，却又缺乏掌控大尺幅作品的经验所导致。在画面的左下角，大卫用拉丁文题字“L DAVID FACIEBAT ANNO 1781 LUTETIAE”，意为“1781 年大卫在鲁特西亚创作”（鲁特西亚是巴黎的古称）。这样的拉丁文署名，不仅是为展示大卫的古典学学养，更可能是想迎合学院审核见习院士的要求——提交一幅作于首都巴黎的画作。拉丁语中使用未完成态的

图 50
贝利撒留
弗朗索瓦-安德烈·樊尚
1776 年
布上油彩
98cm × 129cm
法布雷博物馆，蒙彼利埃

“faciebat”（作画中），而非完成时态的“fecit”（画竣于），以此提请注意，他绘画时是在巴黎这一事实。

大卫于 1781 年 8 月 24 日向学院提交了包括这件作品在内的几幅画作以期获得院士资格，但这种做法有违 8 月 4 日学院明确禁止在沙龙举
68 办时期提交院士资格申请的决定。那一年，许多潜在的见习院士的申请者都迟迟不提交申请，沙龙展览的布置已经开始，多数作品已经挂在墙上，要将已挂上的画取下重新组织以容纳新加入的院士的画作是非常费时费力的事，为了减轻负责沙龙挂画的院士（即 Tapissier/decorator）们的负担，学院终止了接收申请。大卫声称，他对新禁令全不知情，他提交作品不过是希望能获得“意见与指导”。这种托词显然不能令人信服，作为一个新成员，大卫应该清楚地知道他有权在沙龙上展览他的作品，而沙龙的开幕日期就在第二天。无论真相如何，结果是大卫被一致推选为见习院士，他的作品也在沙龙正式开幕时被挂上了展墙。这些突然出

现的作品势必会引起观众的极大兴趣。尽管这并不是每个人都认可的做法，但其他艺术家之前也曾耍过同样的手段。大卫此后的所有公开展览的作品，几乎都沿用了制造噱头这一策略。从8月25日（圣路易斋戒日）起，展览持续了一个月，成为当时首都的主要社交娱乐活动，吸引了大批来自不同阶层的观众。事实上，这是劳动者可能与贵族擦肩、粗野妇人能与淑女贵妇同处一处的少数地方之一。这种社会阶层的融混对中产阶级与上层贵族是一种震撼，因为对他们来说，下层人不堪入目又气味难闻。

沙龙展览获得了官方与非官方新闻出版界的极大关注，数十种小册子被出版销售，从审慎公允的评论到尖刻的攻击与讽刺。大卫的《贝利撒留》受到了极大的欢迎，年迈的狄德罗在他最后一篇关于沙龙的文章中写道："我每天都见到它，每次都觉得是第一次看到它（借用拉辛的《贝蕾妮丝》第二幕第二场的台词）。这年轻人以宏大的气势作画，他有灵魂，他的画中人物的脸上带着不做作的表情，态度高贵而自然；他有素描功底，有能力处理好衣褶，画出漂亮的褶皱；他的色彩优雅，不花哨。"这位自豪的艺术家也兴奋地写信给他在诺曼底的母亲："学院没 69
有给一张反对票，这是非常少见的。昂吉维莱尔伯爵先生出席了学院会议，他给了我极大的鼓励……如果您能来巴黎看展览，您会立即注意到我的作品，因为它们面前站满了观众。重要人物蓝带骑士［圣灵勋章的成员，最高阶层的骑士］都希望见到画家本人，终于，我所有的付出都得到了回报……如今我是满载荣誉，金钱上虽尚不富裕，不过，我相信离富裕的一天不会太久了。"此时大卫表现得克制谦逊，是因为他还被迫寄住在钢铁商埃凯家里的阁楼客房里。埃凯可能是大卫已故父亲的老朋友或有商业上往来的熟人，在接待访客时，大卫还是会选择塞代纳叔叔位于卢浮宫的客房，那里环境舒适得多。

大卫在沙龙展览中虽然主要展示的是一幅表现高贵主题的宏大作品，但是大卫还向巴黎的观众们展示了他创作的多样性。除了《贝利撒留》，同时展出的其他作品还有《圣罗克》（见图39）、《帕特罗可洛斯的葬礼》（见图33）、三幅罗马时期的等身男裸体与半裸写生——《圣哲罗姆》、《赫克托尔》（见图35）、《帕特罗可洛斯》（见图36）、《一位老人的头像》（*Head of an Old Man*）［有可能就是今藏于巴约男爵热拉尔博物馆的《哲学家》(*Philosopher*)]、已佚的《哺乳的母亲》(*Woman Nursing Her Child*)和一些习作。他还采取了一些预防措施，在沙龙展览开幕之前以及展览的初期，在自己的画室展出了《波托茨基伯爵肖像》(见图 41)。也就是说，无论发生什么情况，他的作品都能有机会得到关注。选择同时展出历史画、肖像画、富于表情的人物头像以及饱含情感的风俗画，都是为了宣告他的登场，呈现他的多才多艺。

但即便《贝利撒留》大受欢迎，它也并非这次沙龙最成功的画作。这个荣誉属于弗朗索瓦-纪尧姆·梅纳尔若(1744—1816 年)的《莱奥纳多·达·芬奇在弗朗索瓦一世臂弯里去世》(*The Death of Leonardo da Vinci in the Arms of François I*，图 51)，此人曾是大卫在维安画室时的同
70 窗。这是与《贝利撒留》完全不同的一类作品，它的成功更得益于它的主题(一位法国国王对一位著名艺术家的同情与尊敬)，而不是因为它展现了某种令人惊喜的艺术风格发展。不过，精于算计和敢于冒险的大卫为自己策划了一次成功的巴黎首秀。他成功地获得了要员们的注意，他可以预期在不久的将来，他就要获得重要而有声望的委托。一位评论家在议论大卫的《贝利撒留》时，怀疑建筑署署长明显偏向了这位年轻艺术家，因此以夹杂着嫉妒与怨恨的口吻写道："什么是幸福？就是一个有天赋的人同时拥有昂吉维莱尔伯爵。"正如大卫在给他母亲的信里所写的那样，他迄此拥有的只有名声，他希望王室能够买下《贝利撒留》，毕竟他为这幅作品耗费了大量时间与精力。但是，皮埃尔很快食言，取消了购买这幅作品的承诺——这是两人关系恶化的又一原因。但幸运的是，皮埃尔的上司昂吉维莱尔伯爵非常喜欢《贝利撒留》，从大卫那里为自己订购了一幅缩小版的复制品。这幅完成于 1784 年的小画，大卫依靠学生弗朗索瓦-格扎维埃·法布雷(1766—1837 年)的协助，纠正了原作中的空间问题。虽然这是一幅已有作品的变体复制品，但他个人还是付予很高的(尽管不是全部的)投入。

1780 年，大卫将画室搬入市政厅后便立即开始招收学生。于大卫，这是一举两得的好事：其一，学生的学费为他提供了一项持续而稳定的收入；其二，学生可以在大型订制作品中充当助手。他们中的最优秀者甚至可以给予重任，独立绘制缩小版的复制品。《贝利撒留》之外，大

图 51
莱奥纳多·达·芬奇在弗朗索瓦一世臂弯里去世
弗朗索瓦-纪尧姆·梅纳尔若
1781 年
布上油彩
278cm×357cm
市政厅博物馆，昂布瓦斯

卫与安-路易·吉罗代（1767—1824 年）合作绘制了《荷拉斯兄弟之誓》[1]（*The Oath of the Horatii*，见图 62），未完成的全幅复制品《苏格拉底之死》（*The Death of Socrates*，见图 66）也由吉罗代做助手。复制原作的理念虽然与 20 世纪认为艺术作品是艺术家个人创造力的唯一体现的观念相悖，但是这种偏见并不是 18 世纪的人关心的问题。批评家与作家尚未形成艺术家即创造天才、作品即自我延伸的概念。对 18 世纪的收藏家来说，购买成功作品的复制品是拥有艺术家作品的一种实际方式，一幅原作的数幅复制品并不会削弱原作的地位。就大卫的个案而言，他严格控制着画室产出的作品的质量，顾客对作品不满意的例子也极为少见。在绘制一幅成功的沙龙作品的不同版本时，大卫也遵循着长久以来的惯例。不少同代画家也有为私人收藏家复制王家或公共订制画作的小

1 下文简称《荷拉斯》。——编注

75 都是转瞬即逝的，越发简单的品质反倒越能持久。这种情调在伯爵夫人于凡尔赛举办的自由而诙谐的沙龙中非常受青睐。

1783 年 8 月 23 日，大卫展出了《安德洛玛刻哀悼赫克托尔》（*Andromache Mourning Hector*，见图 43），以此获得了正式的院士资格，展出的时间又一次恰好选在了沙龙展览期间。这幅画再现了荷马的《伊利亚特》中的场景，安德洛玛刻怀抱着特洛伊战争中被阿喀琉斯杀死的赫克托尔痛哭。孤儿寡母的题材也许是在呼应大卫的个人记忆；失去父亲的阿斯蒂阿纳克斯在一旁安慰自己悲痛的母亲，他的年龄似乎与父亲遇害时的大卫相仿。在《伊利亚特》中，阿斯蒂阿纳克斯还是一个婴儿，但在我们完全确定这就是大卫个人生活的投影前，不要忘记温克尔曼在他 1767 年的《未出版的古代遗迹》（*Monumenti Antichi Inediti*）中用过同样的场景做插图，其中的阿斯蒂阿纳克斯并非被抱在怀里的婴儿，而是八九岁的样子。

用适度深暗的色调和沉闷的风格来表现这一题材，这幅画也许是大卫作品中色彩最不鲜亮的作品。在有些人看来，这幅画可能显得过于朴素，当时有人甚至感到画风有些阴暗，但大卫所做的就是要让绘画的外观与其内容相协调。严格的几何形态与光秃秃的背景更是放大了悲伤与悲剧的效果。赫克托尔背后的墙上拉着一道黑色的帘布，在它的上方是一排凹槽大理石柱。这幅画又一次借鉴了普桑，特别是《日耳曼尼库斯之死》（*The Death of Germanicus*，1628 年）与《俄达弥达斯的遗嘱》（*The Testament of Eudamidas*，1643—1644 年）等作品中对死亡场景的表现。普桑一直是法国最受尊崇的艺术家，但这个时期，出现了要真正复兴他的艺术的趋势，光 1783 年就有两部鉴赏其艺术的论著发表。在这幅画中，大卫还大量利用了他在罗马积累的习作：赫克托尔的人物形象就来自他
76 的罗马速写册中的送葬场景，但这一图像本身是他自己根据描绘墨勒阿革洛斯之死的古代浅浮雕做的变体画；尸体所躺的停尸床来自大卫根据古代的床做的素描，其上的装饰则可能来自不远的过去。装饰画左边是赫克托尔与安德洛玛刻诀别，右边是赫克托尔遭屠杀。后一个场景直接来自大卫自己的素描作品《英雄的葬礼》（见图 37—38），不同的是两个战士都穿上了铠甲。像《贝利撒留》一样，大卫在画面上添加了铭文

以解说画意。烛台上用希腊语写着《伊利亚特》中安德洛玛刻的挽歌：“我的丈夫，你去得过早，家里留下丧偶的我。我们的儿子——我们两人带到这个世界最不幸的人，他还那么年幼。”虽然大多数评论家都赞赏并认同大卫以克制的画风来表达悲怆之感的手法，另一些人却并不理解这种刻意朴素的意义，批评他自《贝利撒留》以来就没有提亮过色调。

1783 年沙龙中与《安德洛玛刻哀悼赫克托尔》同时展出的还有另外 6 幅作品。其中之一是《十字架上的基督》（*Christ on the Cross*，图 52），原为诺瓦耶元帅及夫人卡瑟琳·弗朗索瓦丝·夏洛特·德·科塞-布里萨克而作。诺瓦耶元帅曾是法王路易十五的高级官员，担任过奥地利王位继承战争中的军事统帅，1775 年成为法国元帅，但他对法王路易十六的宫廷几乎没有影响。他和他的妻子都是极度虔诚的教徒，以至于贵族邦贝尔侯爵曾指控元帅是迫害新教徒的狂热分子。这幅画是诺瓦耶为家族在旺多姆广场的卡皮西纳教堂的小礼拜堂订制的一批作品中的一件，除了大卫，其他受聘的画家还有让·夏尔-尼凯斯·佩兰（1754—1831 年）与约瑟夫-伯努瓦·苏维。大卫发现这样的宗教主题与自己志趣不投，这也是他画过的最后一幅宗教画。早期的大卫传记作者说，大卫有描绘基督的特征的困难症，所以曾以士兵作为模特。这引起了诺瓦耶夫人的不悦，因为她认出了画中的士兵，认为这样的借用是对神圣题材的不敬，将大卫告上了法庭。然而，并没有证据支持这种指控，加上 78
这幅作品非常成功，诺瓦耶家族将画从小礼拜堂中移走，挂在他们的住宅中。后来诺瓦耶夫人甚至对这幅画产生了依恋，当革命临时艺术委员会要没收其绘画收藏时，她还曾设法留下这幅画。

在 1783 年的沙龙上，大卫还展出了两幅肖像画，一幅画的是他的姨父德迈松（见图 8），另一幅是《阿方斯·勒鲁瓦医生肖像》（*Portrait of Doctor Alphonse Leroy*，图 53）。勒鲁瓦是一位产科医生，可能为大卫夫人接生过第一个孩子。大卫将他表现为一位睿智而优雅的绅士，衣着精致，坐在桌前写作，桌上斜放着一卷希波克拉底的《妇科疾病论》，一盏圆筒芯灯（其时为新近才发明的灯，其照明能力相当于 12 支同时点燃的蜡烛）。画上唯一不那么成功的地方在于画中人手臂弯曲的角度给人以画中人没有左手的错觉，造成这一错误的部分原因或许是大卫将 79

图 58

共济会成员迎接尊主

出自约翰·马丁·伯尔尼格罗特的《最新发现的真实的共济会接待学习者与尊主的集会习俗》，1745 年

望，在不少竞争对手的眼里，大卫这一炫耀式的支出不过一个特权阶层的公关宣传。

这对夫妇将两个孩子留给了他们的外祖父母佩库尔一家（他们的二儿子欧仁出生于 1784 年 4 月 27 日），于 1784 年 9 月初离开巴黎。随行的还有大卫的爱徒让-热尔曼·德鲁埃，他以轰动一时、技艺高超的《迦拿妇人跪拜基督》（*The Woman of Canaan at the Feet of Christ*，图 59）
85 获得了当年的罗马奖。这是大卫的学生第一次获得这个重要奖项，这发出了大卫画派即将走向成功与兴旺的信号。毫无意外地，这让资深的院士们感到了危机，深深嫉妒大卫培养的学生的能力。这个时期，他的画室有 40 多个学生，大多是从其他著名大师的画室转来的。或长或短的教学暂停都可能导致生源流失，于是大卫将画室交给著名的院士尼古拉-居伊·布勒内（1728—1792 年）照管，他是德鲁埃的第一任老师，大卫对他的艺术应该颇有信心。

据说大卫曾言："我决定与他［德鲁埃］结伴去意大利，既有利于我的艺术，也对他有利。我已经离不开他，我从给他授课的过程中受益，他向我提的问题会成为我终生的经验。”大卫与德鲁埃的关系虽异常亲近，但大卫的职业生涯的发展不大可能围绕着学生的日程。因此，对于两人的同行更合理的解释是，成功获得罗马奖为德鲁埃赢得了与大卫结伴的机会，却绝非大卫离开巴黎的催化剂。有证据表明，仓促准备旅程的其实是德鲁埃，他甚至还没从国王建筑署那里拿到通行证与旅行许可证就出发了。如此轻视正常程序让昂吉维莱尔不安而气愤，他指出，获得罗马奖并不必然保证艺术家获得驻罗马的补助金，补助“完全是国王额外的恩典”。

大卫于10月8日抵达罗马，准备在位于人民广场与西班牙广场之间的巴布伊诺街上租一间工作室。他循序展开工作，人体模特写生，画

图59
迦拿妇人跪拜基督
让-热尔曼·德鲁埃
1784年
布上油彩
114cm × 146cm
卢浮宫博物馆，巴黎

图 60
荷拉斯三兄弟素描
1785 年
黑粉笔，淡染，白色高光
58cm × 45cm
博纳特博物馆，巴约讷

衣装模特（draped mannequins）素描，不少主要人物的细节素描还保存
86 至今（图 60）。大卫获得的丰厚的生活费也使他能出资请当地匠人制作配饰（如剑、铠甲），增加画面中的道具的真实感。最后阶段的某些工作非常困难，老荷拉斯的左脚至少被反复画了 20 次他才满意。德鲁埃很可能充当了大卫的助手，站在后面的荷拉斯兄弟的手以及萨比娜的黄色衣裳出自他的手笔。他还强烈建议他的老师将英雄画成裸体，但大卫拒绝了这种提议。大卫还让德鲁埃完成整个卡米拉的形象，但他认为德鲁埃的卡米拉仿佛是一件“石膏人体”，最终不得不亲自重画。

1785 年 7 月底大卫完成了《荷拉斯》，随后在他的意大利画室展出。一如《贝利撒留》使用过的策略，大卫非常明显地用拉丁语署名并标注作画日期与地点：“大卫 / 画 / 罗马 / 于 1784 年”（L David/ faciebat/
87 Romanae/ Anno MDCCLXXXIV），想必是要告诉观众，画家是多么一丝不苟且真心诚意地追求主题的真实性。报纸与杂志争相给予这幅作品热情洋溢的报道，观众如潮涌来，甚至教皇也想看一看这幅名声大噪的作品——但教廷的礼仪禁止教尊拜访普通人，这幅画也不能被带进梵蒂冈。年迈的篷佩奥·巴托尼再一次邀请大卫留在罗马，重申在这里他的才能可以获得毫无保留的赏识，巴托尼说：“唯有你和我是画家。其余的人都可扔进河里。”巴托尼对大卫的才能非常器重，他在 1787 年去世时，将自己的笔与调色板遗赠给大卫，以示对他的敬意。

尽管《荷拉斯》在罗马大获成功让大卫深感满意，但他总是最在意巴黎，指望这幅画能成为他在 1785 年沙龙上的精彩亮相。在罗马期间，
他曾两次写信给比埃夫勒侯爵，身为国王近臣、业余剧作家、共济会会 88
友的侯爵视自己为大卫的保护人，大卫请他动用关系确保这幅画到时能挂在沙龙位置最好的展墙上。大卫担心对自己心存敌意的皮埃尔可能从中作梗，将他的画悬挂在位置最糟的地方，他在信里说：“我最怕的总是我们的皮埃尔。”为了恭维侯爵的戏剧才华，他又补充道：“如果您的一部喜剧被演得很糟，您会感到满意吗？”但事情的发展令侯爵也无能为力，当画抵达巴黎时，沙龙展览已经开始，画只能被挂到很高的位置上（图 61），只有在展览延期阶段才被挪到稍微低一些的位置。不过这幅画曾在罗马获得巨大成功并受到狂热追捧的消息很快传到巴黎，大批的观众涌来沙龙，而其中一些观众毫无疑问是为小道消息所吸引，流言称画家在返回巴黎途中被人谋杀。

《荷拉斯》因其朴素的风格与对爱国主义责任感的颂扬，常常被一些评论者视为新古典主义理念在绘画中最淋漓尽致的表达。新古典主义的目标不是重新创造古代希腊罗马的风格，也不意味着画中的人物看起来就像彩色的古代雕塑。以大卫为例，这种新风格是以一丝不苟的真人写生以及对卡拉瓦乔、普桑等艺术家的细致研究为基础。它与古代的关联体现在其以道德与伦理为创作题材，采用剔除了一切不必要装饰的朴素风格。当然，新古典主义只是对一种文化现象的便于记忆的简称，其内涵十分复杂，使用这个术语，我们要冒着丢失个体作品独特性与微妙性的危险。但是很明显，对于 18 世纪的人们来说，古代作家并非遥远而无关紧要，老普林尼与普鲁塔克都被写进了学校教科书，过去的英雄主义与无私美德完全可以提供修饰不完美现实的理想模型。

图 61
1785 年的沙龙
彼得罗 · 安东尼奥 · 马丁尼
1785 年
雕版画
34cm × 50.5cm

大卫赋予画中的场景以高度临场感，这种创新让大卫的《荷拉斯》
89 （图 62）从同时代的同类主题中脱颖而出。其绝不妥协的直接和简洁有力，立即就能让人记住，充满了视觉冲击力。画中的三组元素 —— 儿子、父亲和妇女 —— 以多利安柱廊为分隔框架，人物聚集在如舞台般的狭窄空间内。大卫将画面撕裂为父亲和兄弟的雄性坚决与女性无力的顺从的对比。身着白衣的卡米拉和黄蓝相间的萨比娜以及孩子们的乳母都垂下双眼，不忍看他们起誓，只有一个小男孩（图 63）勇敢地看着起誓的父子，他未来也将举起武器捍卫祖国。作品的焦点是老荷拉斯即将分给儿子们的剑，画家抓住了权力即将由从上一代传递给下一代的微妙时刻。宣誓时，站在后方的两个儿子举起左手，前景处的儿子举起右手。也许大卫这样安排的原因只是为了让人物能聚拢在一处，但在当时的观众眼中，这一细节暗示的是，站在前景处的那个儿子将是战斗中的唯一幸存者。

92 在创造这样一幅表现截然不同的情感与各种人物的作品时，大卫打破了许多公认的和谐构图的规则，这给同代人来带了痛苦的视觉体验。

展示分裂与对抗势必要牺牲图画的统一性，这就违反了丹德雷·巴尔东的《论绘画》(*Traité de Peinture*，1765 年）等手册所确定的学院构图法。《荷拉斯》的主要人物被撕裂为各自分离的群体，画面的对角线无法将观众的视线牵引到主要人物身上，因而没有唯一的焦点。在大卫还是学生时，就有人批评他不遵守构图原则，因此在《荷拉斯》的构图中，大卫采取了大胆却小心谋划的另类方法。此外，大卫在设色上完全避免了学院常规，放弃了院士们惯常采用的华美效果或厚涂高光。《荷拉斯》一画表面光滑均匀，人物及其衣褶堆叠出极富创造力的硬边轮廓线。

大卫虽将绘画的主题从原定的《老荷拉斯为儿子辩护》改为《荷拉斯兄弟之誓》，但这样的改变能被政府接受，倒也并不罕见。不过，由于事先没有征询他上司的意见，就自作主张将画幅从原定的 3 米 × 3 米扩大到了国王建筑署所能接受的最大尺幅 3 米 × 4 米，大卫对这种冒险做了长篇解释："我修改了图画的尺寸，超过了国王要求的范围。我被告知画面的大小应该是 3 米 × 3 米，但是鉴于我在各方面都对原先的构图做了修改，如果遵照原先尺寸，绘画最终会损失该有的力量。我不是为国王作画，我是为自己作画。没人能让我做任何可能有伤我名誉的事，这就是现在这幅画改为 3 米 × 4 米的原因。你们不用怀疑我想取悦国王的渴望，我不知道我是否还愿意画另一幅这样的作品。当我将这幅画送给皮埃尔先生时，我就告诉过他我不是出于自身利益的考量，4 米长的画的报酬依然按照 3 米长来计算。他告诉我不能这么做，因为这样会激怒我的同行。我从来没从这个角度来看待问题，我考虑的唯一问题 94
是我自己的发展。"由此看来，《荷拉斯》一画不单纯是画家在完成王家委托，更是大卫追求艺术自由与独立的大胆宣言。

到 18 世纪 90 年代，《荷拉斯》已被视为法国大革命的象征，但其本意并不太可能是一幅政治绘画。此时的大卫还没有任何政治观点，也不效忠于任何政治团体，将这幅画看作是对反抗与反叛的召唤，实属牵强附会。此时距大革命爆发还有四年之久，在 1785 年，共和主义还没有成为法国政坛的一股力量，推翻王室、取消王权，超出了当时人们的想象。毫无疑问，《荷拉斯》引发了一些争议：它具有革命性，呼应了

图 62

荷拉斯兄弟之誓

1784 年

布上油彩

330cm × 425cm

卢浮宫博物馆，巴黎

当时社会对道德与爱国的讨论，但是它带来的最大影响则是它引人注目的图像创新。

单凭这一幅画，大卫就让他所有的竞争对手黯然失色，尤其是佩龙，他本想在沙龙展览中以严肃主题的《阿尔刻提斯之死》（*The Death of Alcestis*，图64）与《荷拉斯》一决高下。这是佩龙第一尝试大尺幅的作品，画幅增大，加上正方形的构图（大卫在《荷拉斯》中弃用），造成了人物比例与画面焦点的问题。佩龙还给这幅阴郁且充满了哀悼色彩的绘画配上了副标题《夫妇之爱的英雄主义》（*The Heroism of Conjugal Love*），表现阿尔刻提斯为挽救丈夫弗里的国王阿德墨托斯的性命而选择自杀的故事。画中阿尔刻提斯躺在自己儿女的臂弯里死去，她的丈夫悲伤地转过头，画家以高度风格化与极为夸张的姿态刻画了亲属们的悲痛。沙龙的展览小目录（Livret）如是录解："女人们悲痛欲绝，整座王宫都弥漫着哀悼与悲伤，许门［希腊婚姻女神］雕像披上了薄纱，因为它再也见不到新的拥抱。"相比《荷拉斯》开门见山的修辞，这幅画显得有些装腔作势且过度阴沉。

绝大多数的评论家都认为大卫是这次沙龙无可争议的胜利者：他被封为充满活力的新法国画派的领袖，此后的30年他一直占据着法国画 95
坛的头把交椅。在评论画中对行为的描绘时，几乎所有的评论家都没有提及小荷拉斯对妹妹的卑鄙谋杀。甚至有论者辩称，如果从整体考量，荷拉斯的故事并不像它给人的第一印象那样表现的是启蒙主义的世俗道德，它宣扬的是一种视暴力为最终解决方案的爱国主义，等待个人依恋与感情的是像卡米拉一样付出死亡的代价。

《荷拉斯》是一个旨在在公众舞台发表的个人宣言。这是大卫拒绝被当作一个著名艺匠的证据，他认为自己的判断高于任何官僚与委员会。这种姿态自然对学院、官僚机构以及同行画家构成了挑战，但对激进派和容易受影响的年轻艺术家则非常有吸引力。这幅画在艺术风格上的激进使得托马斯·克劳在其《18世纪巴黎的画家与公共生活》（*Painters and Public Life in Eighteenth-Century Paris*，1985年）中，将大卫放在发动反任人唯亲与反政府机构精英化的运动的政论作家与颠覆性批评家的圈子里加以考察。克劳坚信《荷拉斯》里令一些评论家不安的

图63
荷拉斯兄弟之誓
（图62局部）

图 65
马略在明图尔诺
让-热尔曼·德鲁埃
1786 年
布上油彩
271cm × 365cm
卢浮宫博物馆，巴黎

是德鲁埃对《荷拉斯》一画做出的回应。德鲁埃的画显然以大卫的作品为榜样，但两者画风上的相似性并不能掩盖在主题选择上的根本差异。荷拉斯兄弟是爱国主义的典范，而马略却是一个贪婪而野心勃勃的将军，为了权力不惜牺牲大量无辜者的性命。《马略在明图尔诺》在巴黎极受欢迎，很多人都认为德鲁埃将会成为他老师的强劲对手，并最终取而代之。但悲剧发生了，1788 年 2 月，积劳成疾的德鲁埃因天花死于罗马。这让大卫悲痛不已，他写道："我失去了他，也就失去了我最强的竞争对手。只有他才能让我彻夜难眠。"大卫甚至在卢浮宫的花园里为德鲁埃竖了一个小纪念碑，不过今天已经看不到了。

艺术上获得辉煌成就的大卫，开始觉得他有资格在王家艺术机构中获得更高的职位。1787 年 10 月，法国罗马学院院长职位空缺，大卫表现出极大的兴趣与愿望。结果，他不但没有如愿，更让他失望的是，得到这个职位的竟然是梅纳尔若。大卫获得一些贵族赞助人的支持，比埃夫勒侯爵甚至给昂吉维莱尔伯爵写信，询问大卫失去这个职位的原因。他被告知大卫太年轻（当时年近 39 岁），缺乏这个职位所需的经验，六年后这个职位再次空缺时，他会是个有力的候选人。大卫的独立精神似乎开始对他造成不利，毕竟他的教学能力与培养学生天赋的能力不容置疑。他好胜的个性也许也是一个不利因素，因为院长的职务也需要良好的外交技能。大卫被拒是他与学院相互碰撞持续斗争中的又一个事件。

鉴于大卫在 1785 年沙龙产生的巨大社会影响力，照常来说他应该 99
能获得为下一次沙龙绘制一幅更大的历史画的委托。他的确接受了《科利奥兰纳斯从罗马归来》（*Coriolanus Turned Back from Rome*）订件，但这幅作品从未完成。《回忆秘记》（*Mémoires Secrets*，当时的一份关于名人八卦的杂志）称，大卫的骄傲使他无法接受独断专行的皮埃尔强加而他自己却并不喜欢的画题。出于特有的精明老练，大卫接受了一个重要的私人委托，大大弥补了缺乏官方订件带来的经济损失。这件私人委托就是《苏格拉底之死》[1]（图 66），由富豪夏尔-米歇尔·特吕代纳出资。特吕代纳及其兄弟夏尔-路易两人在他们位于巴黎皇家广场（今协和广场）的奢华府邸里定期举办艺术与文学沙龙，大卫的社交关系让他
有机会接触到兄弟俩，加入所谓的“特吕代纳社团”（Trudaine Soceity） 102
聚会。在这里，他混入了自由主义贵族与启蒙主义作家和知识分子的圈子，其中的安德烈·谢尼埃很快就要成为杰出诗人与激进记者。

雅典哲学家苏格拉底对法律毫不动摇的尊重以及他拆穿伪装的强烈愿望，使他成了最不受统治派欢迎的人物。公元前 399 年，他以不敬国家众神与腐蚀城邦青年的罪行被判处死刑。苏格拉底以高贵的服从接受了他的命运，饮下毒芹汁自杀——这是一种没有痛苦、毒性发挥缓慢的毒药，使得他能够继续与他的追随者辩论至生命的最后一刻。对启蒙主义者而言，苏格拉底是一位巨人，是真理、正直与自律的化身，他与英俊男青年之间的爱欲可以忽略不计。

苏格拉底这个画题有可能出自大卫本人，但这也是一个能吸引特吕代纳圈子的题目，关于如何表现这个主题，还曾有过大量的讨论。谢

1 下文简称《苏格拉底》。——编注

图 66

苏格拉底之死

1787 年

布上油彩

129.5cm × 196.2cm

大都会艺术博物馆，纽约

尼埃对苏格拉底的姿势提出过一些看法，而大卫向奥拉托利会学者阿德里神父讨教了很多细节。关于苏格拉底之死的最完整的文字记录保存在柏拉图的《斐多》里，狄德罗也在1758年在《论戏剧诗》（*Treatise of Dramatic Poetry*）中向艺术家们推荐过这一题材。不过，大卫没有像狄德罗建议的那样描绘“一手握着毒药杯，双目望向天国”的苏格拉底，大卫选取的是苏格拉底接过毒药杯的瞬间。

和《贝利撒留》《安德洛玛刻》《荷拉斯》不同，《苏格拉底》是一幅适合家居场所的尺度中等的架上绘画。画中，苏格拉底即将接过装着毒芹汁的杯子却没有停止哲学谈论。笃信灵魂不朽的苏格拉底，抬起左手指向上苍，这一幕让他的学生终于不能自已，或泣不成声或沮丧绝
104 望，尤其是画面最右边的阿波罗多洛斯。忠诚的克里同坐着聚精会神地聆听老师最后的话语，他的一只手放在老师的膝盖上，柏拉图面无表情地坐着，就像摆在床脚的人形书挡。大卫还尽可能地利用艺术家的特权来调配人物的年龄。虽然苏格拉底被迫自杀时已近花甲之年，但画中的他却年轻得多，拥有肌肉发达的运动员身姿。相反，比苏格拉底年轻许多的柏拉图（苏格拉底死时他甚至不在场）则显得像个老人。据柏拉图的叙述，大约有15个人在场，但大卫的画中只出现了12个人，这样选择也许是为了避免画面过分拥挤，但也可能是要与基督和12门徒类比。牢房里清冷的环境有些时间错置地具有当时的特征，很像克劳德-尼古拉·勒杜（1736—1806年）笔下当时的监狱建筑，加之颜料的硬边效果，整个场景很符合故事所需要的哀伤与庄严的氛围。背景处的楼梯上，苏格拉底的妻子克珊西帕回过头看了最后一眼，苏格拉底不愿妻子看到他走向人生最后时刻故而让她提前离开（图67）。

1787年的沙龙（图68）上，大卫与佩龙又一次展开了竞争。佩龙也展出了一幅《苏格拉底之死》（图69），是昂吉维莱尔伯爵为国王订制的。大卫自信能超过对手，加上他咄咄逼人与野心勃勃的天性，他选择苏格拉底的主题极有可能就是因为他知道了佩龙的画题。大卫的版本有力且结构清晰，与之形成鲜明对比的则是缺乏情节与焦点的佩龙版本，大众与评论界共同宣告了大卫的作品得胜。大卫一举击败多年以来的对手，此后，佩龙在艺术圈只能甘愿臣服。一位参观沙龙的英国游客、出

图67
苏格拉底之死
（图66局部）

版商人与艺术企业家约翰·博伊德尔写道，大卫的苏格拉底“（在我看来）这是自西斯廷礼拜堂和拉斐尔的房间（Stanze）以来最精致、最值得尊崇的艺术努力，一幅可以为伯里克利时代的雅典带来荣誉的绘画。
105 经过 10 天不间断的观察，我觉得这几乎是一幅在每一方面都绝对完美的杰作”。托马斯·杰弗逊时任美国驻法国大臣，也住在巴黎，在提到这次展览时，他写道：“最佳的是大卫的《苏格拉底之死》，无与伦比。”特吕代纳本人对这幅画也非常满意，他追加了酬劳，将原本已经非常慷慨的 6000 里弗增加到 10 000 里弗。

大卫不仅是当时最成功、最能引起话题的艺术家，他还仪表非凡。他身材高大（约 1.8 米）、皮肤黝黑、体格健美、精力充沛。他的双目敏锐而具有洞察力，头发略卷曲，行为举止平静沉着又高贵。他还是个讲究衣着的时髦绅士，对自己的衣着花费了不少心思。通常情况下，他性情温和，充满魅力，能赢得女士们的欢心，尽管不断增大的口腔

图 68
1787 年的沙龙
彼得罗·安东尼奥·马丁尼
1787 年
雕版画

肿瘤影响着他的表达。然而，大卫个性复杂，有时他会表现出粗鲁与冷酷的一面，有时他会变得多疑且睚眦必报。音乐与戏剧是他喜欢的消遣，他自诩是一位小提琴家，那些有幸听过他演奏的人未必会认同他对自己天分的评价，难以用“愉快”来形容他们的听觉体验。此外，他进入了社会上流，但他对同代的其他画家并不满意，几乎不和他们来往。除了特吕代纳的社交圈，他还受邀参加过各种娱乐聚会，例如王后玛丽·安托瓦内特喜爱的画家、王室近臣伊丽莎白-路易丝·维热-勒布伦（1755—1842 年）和国王的侄子、奥尔良公爵的前情妇费莉丝蒂·德·让利斯举办的沙龙。德·让利斯夫人也是公爵住在圣列伊乡村别墅的三个孩子的家庭女教师，大卫不仅教过孩子们素描，还加入他们喜欢的游戏——活人静画（tableaux vivants），表演历史故事与神话里的场景。

图 69
苏格拉底之死
皮埃尔·佩龙
1787 年
布上油彩
98cm × 133cm
丹麦国家艺术博物馆，哥本哈根

接触自由主义知识分子的思想可能增加了大卫对学院及其教学方
106 法的不满。他认为学院是专制主义的，压抑、阻碍了天赋的发展。大卫努力展示他个人风格的优异性，博取公众的支持，以对抗既成的学院传统。他尽力劝阻他的学生不要去学院上课，尽管他也很高兴他们能在那里得奖。他以最直截了当的方式极为有说服力地总结了他对学院的态度：“学院就像是一个假发铺，离开它时身上无论如何都会沾上白粉。你要浪费多少时间才能忘记那些模特的造型、那些传统的动作？教授们像摆弄拔了毛的鸡那样摆弄模特身体……毫无疑问，他们会教你处理人物躯干，再教你如何经营你的绘画生意，因为他们就是以绘画来做交易的。至于我，我鄙视这种肮脏的交易。”

这一时期，大卫形成了关于艺术上和社会上的个人自由的清晰理念，
108 认识也在不断提高，他的朋友安德烈·谢尼埃对此有着重要的影响。大卫与国外友人的接触，如 1786 年拜访他的美国画家约翰·特朗布尔（1756—1843 年），可能还包括托马斯·杰弗逊、意大利爱国者菲利波·马泽伊、英国人博伊德尔、画家理查德·科斯韦（1742—1821 年）与玛丽·科斯韦（1759—1838 年）夫妇，让大卫有机会了解其他地方民主政治体系的状况。他逐渐发现这些国家和充满独裁君主制与特权贵族的法国是如此不同，意识到变革的必要性。英国艺术界似乎对他非常有吸引力，他认为那里竞争公平，没有巴黎的偏见与阴谋。他甚至开始准备伦敦之行，不仅是为了再睹新认识却一见如故的科斯韦夫人的迷人风采，更是希望在 1788 年或 1789 年的皇家艺术研究院展览上展出《荷拉斯》（见图 62）或《苏格拉底》（见图 66）。然而，大卫的计划因法国大革命的动荡剧变而搁浅。

第三章 创造新世界

大卫与大革命

Â faut espérer q'eu jeu la finira ben tôt.

Un Païsant portant un Prélat, et un Noble.

Allusion aux impots dont le poids retombait en entier sur le peuple: M.M. les Eclesiastiques et les Nobles non seulement ne payoient rien, mais encore obtenoient des graces, des pensions qui épuisoient l'État, et le Malheureux cultivateur pouvoit apeine fournir à sa subsistance.

“历史上从来没有如此无可避免却也无法预料的事件。”对即将到来 111
的法国大革命，伟大的历史学家阿历克西·德·托克维尔如是说。隔着两个多世纪的时间差距，我们可以看出，大革命是一系列社会、经济与政治压迫的结果，这些压迫本身可以得到纠正和修改，却形成了推翻君主制、改变法国乃至欧洲历史的累积效应。

18 世纪 80 年代中期，旧制度的整个框架已崩溃。耗资巨大地参与美国独立战争（1778—1783 年）将法国推向破产的边缘，政府一次又一次被迫通过借贷来弥补赤字。公众也意识到宫廷穷奢极欲的生活是如何加重了国家的债务，他们为王室的浪费而愤怒。贵族与不断上升的中产阶级之间关系紧张，后者努力扩大自身的影响力，提升社会地位，争取获得社会认可。当然，这些政治和阶级的问题对穷人来说并不重要，他们中的绝大多数都穷困潦倒，过着土里刨食的悲惨生活。他们把生活的不幸归咎于征收什一税与领主税的封建教会与贵族（图 70）。更糟糕的是，1788 年农业严重歉收让面包价格飞涨，穷人被推向了饥饿的边缘。

除了经济和社会问题，意识形态运动也在进行，启蒙主义民主与
自由的思想获得了广泛的传播与认同。1789 年 1 月，激进的埃马纽埃 112
尔-约瑟夫·西耶斯神父出版了小册子《什么是第三等级？》（*What is the Third Estate?*），呼吁彻底改革现有的政府体系（图 71）。当时法国的三个等级由教士、贵族与平民组成，前两个等级的人口不到 50 万人，而第三等级却拥有大约 2500 万平民。西耶斯写道：“什么是第三等级？是一切。到此刻它在公共秩序中处于什么地位？什么也不是。它想要什么？某种地位。”他申辩说第三等级应该成为政府中的主导力量，要从贵族手中夺过权力。以西耶斯为样板，表达类似主张的小册子和请愿书很快出现在法国各地。一个活跃的色情出版社还炮制出极尽挑逗之能事的高级场所里发生的荒淫故事，这种充满社会政治意味的色情文
学有效地帮助普通民众形成皇室与贵族颓废、堕落与浪费的观念。书 113
面文字在引起政治觉醒方面的作用不容小觑，对大革命最热烈的支持来自法国文化根基最深厚的地区——法兰西岛以及法国东部与北部，这绝非巧合。

图 70
希望这个游戏早日结束
1789 年
彩色雕版画
36.5cm × 24cm

1789 年初，国家的诸多问题仍然没有找到解决之法，因此路易十六

图 75
布鲁图斯参与处决他的儿子
约 1788 年
石墨，蘸水笔淡染
私人收藏

Returning to Brutus the Bodies of his Sons，图 77）。

《帕里斯与海伦之爱》创作开始于 1786 年，最初计划在 1787 年沙龙开始前完成。然而，由于 1786 年 10 月大卫的跟腱受伤，加之 1787 年久病不愈，一直拖到 1788 年这幅画才完成。《帕里斯与海伦之爱》对大卫而言是一个全新的主题，为了能够表达主题里热烈的爱恋，大卫采取了缓和的态度，一改此前绘画里决不妥协与严谨的画风。两个人物光滑，具有雕塑感，沐浴在柔光里，这显然不同于《荷拉斯》（见图 62）与《苏格拉底》（见图 66）里戏剧性的光线与健硕的人物。让大卫感到最棘手的，其实是画中的求爱场景与身体的吸引力这些细节。画面左边有一座爱神维纳斯的雕塑，两个象征维纳斯的长青桃金娘花环，一枚象征夫妇忠诚的徽章。这幅画考察了海伦对帕里斯的两种不同的情感，根据荷马在《伊里亚特》里的描述，帕里斯虽然在决斗中败于海伦丈夫墨涅拉俄斯，仍然得到了海伦的心。这次诱惑的悲剧后果是引发了特洛伊战争，帕里斯将海伦带回特洛伊并娶她为妻，受辱的希腊人围攻特洛伊城长达 10 年。画中的海伦站着，头微微倾斜，被英俊的帕里斯吸引，但也心存疑虑。帕里斯的热情表现得很含蓄，以轻轻抓住海伦的手来暗
119 示。背景里，大卫增加了从卢浮宫瑞士百人卫队厅临摹而来的四个女像柱（以女性雕像为柱身的柱式），尽管这一细节并不符合常理。

在《帕里斯与海伦之爱》中，大卫费尽周章要展现其才能的全面性，证明自己不是只能画英雄与雄壮的场景。他将这幅画描述为“希腊式的、彻底的古风”，其主题决定了优雅与精致的绘画手法。有人认为，《帕里斯与海伦之爱》其实是在讽刺人所共知的阿图瓦公爵的丑闻与淫乱，因而也是对王室的谴责。不过公爵欣然接受了这幅画，当时也没人察觉其中有任何政治或颠覆性的暗示。但因为当时法国国内政治局势微妙，展览图册隐瞒了这幅画本属于国王弟弟的事实。

图 76
为《布鲁图斯》所作的速写
1789 年
布上油彩
27.5cm × 35cm
瑞典国家博物馆，斯德哥尔摩

1789 年大卫展览的第二幅作品《布鲁图斯》（图 77），从一开始就更具争议。它的全名是《第一执政官 J. 布鲁图斯在谴责了与塔昆斯密谋准备推翻罗马的两个儿子后，回到家。扈从将他两个儿子的遗体送回家里以便安葬》。这幅画是国王为 1787 年沙龙订制的，但却未按时送抵沙龙，似乎皮埃尔有意以规章制度为由将这幅作品推迟展于下一届沙龙。

图 77

扈从为布鲁图斯带回他儿子的尸体

1789 年

布上油彩

323cm × 422cm

卢浮宫博物馆，巴黎

为底本的雕版画，这是雷诺兹少数涉猎历史画的作品之一。故事取材自但丁，乌戈利诺及其儿孙被关入监狱，老人慢慢意识到他们可能最终要饿死在这里。绘画表现的就是老人意识到为了生存他们即将变成同类相食者时陷入恐惧的那一刻。因此，乌戈利诺与布鲁图斯有一些共同点，二者都孤立无援，都刻意回避人群，都陷入自我反省之中。为了准确表现，布鲁图斯的形象以一个著名的古代半身雕塑——《卡比托利欧的布鲁图斯》（*Capitoline Brutus*，图 80）为蓝本，大卫就收有这个雕像的复
126 制品。在画面的另一端，悲痛不已的女人们则暴露在亮光之中，如果据此认为她们就是画面的主角，也不是没有理由（图 81）。占据画面中心的是一个缝纫篮静物特写，它是家庭生活的象征。不少细节取自大卫过去的罗马速写簿，他还请著名的家具师雅各布专门制作了古代风格的家具，对照摹写，融入构图之中。此外，大卫还请身在罗马的维卡帮忙寻找晕倒的女儿的发式，并附上晕倒女儿的素描，请他据此为参照，按照酒神女祭司们的雕塑补画必要的细节。在古代神话中，女祭司们被酒神巴库斯带入了狂喜的幻觉，她们的姿态经常出现在罗马艺术中，暗示着歇斯底里与无可抑制的悲伤。大卫在设计因极度悲伤而晕倒的女儿姿态

图 80
卡比托利欧的布鲁图斯
公元前 3 世纪
青铜
卡比托利欧博物馆，罗马

时，心中必定参考过此类图像。

大卫邀请观众来评判布鲁图斯。他是一个宁可牺牲儿子也不退缩的
极端爱国者，还是一个将家庭四分五裂的没有感情的怪物？普鲁塔克
认为布鲁图斯的行为“可能获得最高的表彰也可能遭受最强烈的谴责”，
因此他“既是上帝又是野兽”。这幅作品整体构图的片段化甚至比《荷
拉斯》更为明显，所有的人物按照看到尸体时的反应分组。据说皮埃尔
曾对大卫说过：“在《荷拉斯》里，你在同一平面上展现了三种人物，
那是前所未有的！这里，你把主要人物放在阴影里……但是，你在哪
里见过一张不使用金字塔构图线的画吗？”实际上，皮埃尔可能从未看
过完成的作品，作品完成于8月底，而他在5月15日就去世了，不过
他也可能看过草图，或者见过尚在创作中的作品。看过作品的评论家
赞美它的创新性，常常用到的形容词有“高贵的”（noble）、“严肃的”
（severe）、“有男子气概的”（virile），他们都认为大卫是这次沙龙的胜利
者。随着大革命的推进，大卫的画作出其不意地成了关乎时事的热门话 127
题，画里可怕的情节与让人难忘的图像开始进入公众的意识。在1790
年11月19日伏尔泰的戏剧《布鲁图斯》演出的结尾，在观众雷鸣般的
掌声中，男女演员按照大卫画中的构图分组谢幕，生动地重现了大卫的
这幅名画。

政治对大卫的绘画创作有着更直接的影响的画作是《安托万-洛朗·拉瓦锡与玛丽-安妮·拉瓦锡夫妇像》[1]（*Portrait of Antoine-Laurent and Marie-Anne Lavoisier*，图82），这幅画完成于1788年，原本应在1789年展出。拉瓦锡是一位杰出的实验物理学家和化学家，一位很富有的包税人（政府从公司雇用的投资者，为政府对商品征税。拉瓦锡后来因此被送上了断头台），也是一位宣扬温和改良的自由主义知识精英。他也是共济会成员，这可能是他结识大卫的原因。他既是科学家，也是火药监管委员。8月6日，人们以为巴黎军火库的火药库存被移走，于是爆发了暴乱，拉瓦锡差点被以私刑绞死。武器和弹药供应在当时是非常敏感的问题，有人认为公开展出管理员的肖像恐怕不是明智的做法，所以作品被压了下来。这幅肖像很容易让人联想到《帕里斯与海伦之爱》（见图74），最显著的不同是拉瓦锡的妻子玛丽-安妮的目光直视观

1 下文简称《拉瓦锡夫妇像》。——编注

众，而海伦回避了目光的碰撞。拉瓦锡夫人就像给人灵感的缪斯女神那样靠着她丈夫的肩膀，完全像是附庸装饰，但这并非她在真实生活中的角色。事实上，她是拉瓦锡不可或缺的助手，她随大卫学过素描，以便用图画的形式记录她丈夫的科学实验；她又学习英语，以翻译英国科学家的研究。画中，她的作品夹摆在椅子上，她可能还送给大卫一些画面右边的实验器具的素描。这些造价不菲的实验器材由拉瓦锡专门定制，
为画面增加了不同寻常的视觉吸引力，也将这对夫妇定位在了工作环境 129
中。桌子的中央是贮气器，左侧是一个简单的气压计和集气槽，拉瓦锡脚边放一个着带旋塞阀的长颈瓶。这幅全身像为大卫带来了相当可观的7000里弗的收入，远远超过了由国王支付的《荷拉斯》。此画所呈现的精准观察与拉瓦锡一丝不苟的科学数据完全相称，虽然这是一幅商业绘画，却像是画家向其同等级地位与智慧的文雅开明夫妇的致敬。

1789年8月26日，就在《布鲁图斯》即将挂上沙龙展墙之前，国民议会通过了《人权和公民权宣言》(图83)。宣言的第一原则是“在权利方面，人生来就是而且始终是自由平等的”。大卫对学院不满并与之对峙已有一段时间，大革命给了他向学院发起持续攻击的天赐良机。大卫对学院积年累月的不满与随之而起的怨恨主要体现在他憎恶学院官员及其不民主的特权，反感千篇一律的教学方法。一些对学院不满的院士和具有反叛精神的学生加入了他的讨伐，他在卢浮宫的寓所变成了这帮异见人士的聚会场。大卫首先提出要追认死去的学生德鲁埃院士称号，并且在下一次沙龙展览其绘画作品，以示对这位英年早逝的学生的哀悼与纪念。这一提议立即遭到拒绝，面对如此顽固的学院官员，大卫和他的同僚开始寻求政治同情，最终不得不求助于巴黎公社、国民议会以及随后崛起的激进派雅各宾俱乐部(这个政治高压团体因其在多明我会的圣雅各修道院聚会而得名)。然而，大卫渐渐地开始不满足于简单地呼吁学院改革，而是提出要彻底废除学院制度，他显然以新的艺术秩序的领袖自居。

图81
扈从为布鲁图斯带回他儿子的尸体
(图77局部)

1790年9月27日，新的艺术社团艺术公社成立，成员300人，大 130
卫为领袖。也许是为了安抚大卫，1792年7月，学院将大卫提拔为助理教授，但是在1793年4月，他却被要求为写生课摆模特造型，大卫

立即写了一个便签回敬说“我是从学院出来的”。最终，他成为国民公会（国民议会的后继组织）委员，在 1793 年 8 月 8 日的会议上，他对其他委员发表了演说，这成为学院终结和大卫获得最终胜利的信号。这次讲演包含了很多个人经历与观察，是大卫 20 多年来对学院不满的总结。在演讲结尾，他说：“以人性的名义，以正义的名义，以所有热爱艺术的人的名义，最重要的是以你们对青年的爱的名义，让我们摧毁、 131
消灭这些邪恶的学院院士。在自由的国度，没有他们的容身之所。”8 月 12 日，国民公会宣告取缔所有的院士，查封他们的房产，扣押他们的财产与画具。大卫被任命为领导这次行动的委员会成员。不过他虽然是抨击学院不公正的积极分子，但是他的行动本身却不是学院终结的唯一因素。公会在 1791 年已经要求大规模改革所有学院、行会与手工业者的组织，这个过程的结果就是 1793 年 8 月颁布的法令，旨在消灭享有专权与特权的团体。颇为讽刺的是，1795 年取代学院的竟然是一个更加精英化的团体——学会，毫无疑问，大卫是其创始成员。

私人恩怨是大卫攻击学院的主要动机，青年学生的教育与同行的职业发展这些无私的关怀只是次要的问题。有人断言大卫对自己没有在官方体制中升职感到沮丧，而他的目标其实是成为艺术独裁者。这场对学院的战斗中的直接敌人是学院大臣安托万·雷诺，他对大卫做过一个睿智但可能流于偏颇的评述：“除了天赋，大卫先生是一个无足轻重的人物。他非常傲慢，轻视他的同事；他想通过诽谤来摧毁学院，就因为国王没有任命他为罗马法国学院的院长，但那是一个他完全不能胜任的职位，因为那基本上是个外交职位……那样的要职不能交给一个志大才疏的人，不能交给一个不知道如何自持、如何正常交谈的人。”

大卫反对学院的活动不可避免地损害到他的私人友谊。这造成了他
与维热-勒布伦夫人的决裂，因为他对特权的立场不可挽回地改变了王 132
室对他的喜爱与支持。大卫的攻击也殃及学院的院长、国王首席画家和他从前的老师维安，不过大多数的攻击针对的是他的职位而非个人，所以两人虽然疏远了一段时间，后来还是重归于好。也许，最重要的是，这些与学院的斗争对大卫产生了深远而长久的影响，它们成了大卫参与政治的训练场，为他正式进入政坛提供了平台。

图 82
安托万·洛朗·拉瓦锡与玛丽-安妮·拉瓦锡夫妇像
1788 年
布上油彩
259.7cm × 194.6cm
大都会艺术博物馆，纽约

图 85
南特寓言的素描（仿米开朗基罗的习作）
1790 年
黑粉笔
18cm × 11cm
第 7 素描簿，对开第 8 页右页
卢浮宫博物馆，巴黎

性与兴奋聚在一起，在会场等待着法国第一部宪法诞生的重大时刻。这幅画规模宏大，宽 7 米，长达 10 米，以呼应它在法国新生中的重要地位，计划要在国民议会的会议厅展示。大卫在 1791 年沙龙展出《网球场之誓》的素描（图 86）已经非常完善，这也是沙龙中极少的几件描绘革命的作品。也许是为了强调代表们作为团结的集体在行动上的一致性，沙龙的展览小目录介绍说“画家的本意并不是要展示议会成员的真正的模样”。不过大卫已经开列了坐在前排的重要人物名单，其中很多人的样貌都可辨识。坐在中央的人物是国民议会的主席让-西尔韦斯特·巴伊，他的头转向在场的观众，目光坚定。这一图像明显出自艺术家的创造，因为按照常理，巴伊面对的应该是与会代表。巴伊的正下方
135 的一组三人，是加入第三等级、欢迎革命的神职人员。左边一位穿加尔都西会僧袍的是多玛·热尔勒（当时并不可能在场），神父格雷瓜尔和

拉博·圣-埃蒂安。他们分别代表普通僧侣阶层、世俗修士与新教教会。他们兄弟般的拥抱象征着新秩序的产生，分裂与派系主义已经成为过去。整个画面上，大部分的代表举起手宣誓，有的还把帽子扔向空中。在巴伊的右边，马克西米连·罗伯斯庇尔将双手放在胸前，象征他无所畏惧的奉献。与这些坚决行动的人物完全相反的，是画面右边角落里的马丁·多奇，他拒绝接受誓言，低着头，双手顽固地交叉抱在胸前。最左边，年迈的莫珀蒂·德·拉·马耶讷刚刚从他的病床上被抬进会场，参与这重要的事件。他的右边是修士蒂埃博和瑞贝勒，重复着教会兄弟般的拥抱。窗户的墙架与左边的入口处，站着各色各样的普通民众，他们占据着有利的位置，有的甚至爬上梯子，焦急地想要看看正在发生的事情，他们将是这一伟大时刻的见证者。父母也把孩子带到了会场，想让他们一睹历史的诞生，第一扇窗户左边是一个抱着女儿的母亲，据说大卫的两个儿子夏尔与欧仁站在右边一群人里。聚集在小阳台附近的一群人中，一个皇家卫士举起了剑，旁边的记者可能是正在写新闻报道的让-保罗·马拉。虽然时值盛夏，但画中的暴风雨很好地渲染了戏剧效果：狂风吹动着窗帘，一把伞被卷到窗外，旁观者的帽子也被吹到了空中。狂暴的天气暗示着一场清洗运动正在酝酿，这片土地将获得新生，重新焕发活力。有的旧贵族评论家认为这一细节暗示摧毁王室的愿望，但是大卫说，它代表的是推翻专制主义。这一
事件的视觉化过程，可能也与共济会相关。事实上，包括巴伊在内的 138
一些代表都是共济会的成员，他们从事商业与慈善活动的共济会小屋，也有助于传播加速大革命的自由主义思想；共济会的象征符号，特别是象征着警惕的全能之眼与象征平等的方矩或水平仪也都进入了革命图像的谱系。

大卫的素描获得了大众媒体的热烈欢迎，他的朋友安德烈·谢尼埃甚至撰写了一首名为《网球场》的颂诗。他称颂大卫为“神笔之王”，认为这幅纪念国家赢得新自由的绘画，就是艺术家为大革命做出的巨大贡献。但在另一方面，保王党的批评者则激烈抨击这件作品，认为它是大卫叛国的证据。

像《网球场之誓》这样雄心勃勃的项目，需要大量的前期准备工 139

图 86

网球场之誓

1791 年

蘸水笔、褐色墨水淡染，白色高光

66cm × 101.2lcm

凡尔赛宫国家博物馆

作。大卫为此所画的草图就有两本，还有许多单页细节图与人物习作。他还亲自到凡尔赛宫考察空旷的网球场，画速写（图 87），接着又尝试设计代表们的姿态（图 88）。他没有亲自见证宣誓仪式，所以他在速写上做了很多标注，以提醒自己人物们该如何出场和那些特别微小但极易被人记住的细节，例如“不要忘记描绘代表们感动流泪、用手擦眼睛的动作”“记得表现因人物活动而扬起的尘土”“记得那个铃铛”（巴伊用铃铛来维持秩序，引起代表们的注意，虽然在当时并不是很管用）。大卫将宣誓视为《荷拉斯》的现代放大版，代表们就是今日的古代英雄。

140 在素描展览后，大卫立即开始着手全幅油画，为了这幅需要巨大投入的作品，他获得了一间很大的工作室：斐扬派的一间改为世俗使用的教堂正厅，位置紧邻国民议会的会场的杜伊勒里宫。1791 年 10 月 4 日，《箴言报》上刊载了如下启事：“大卫先生请求参加过凡尔赛宫网球场之

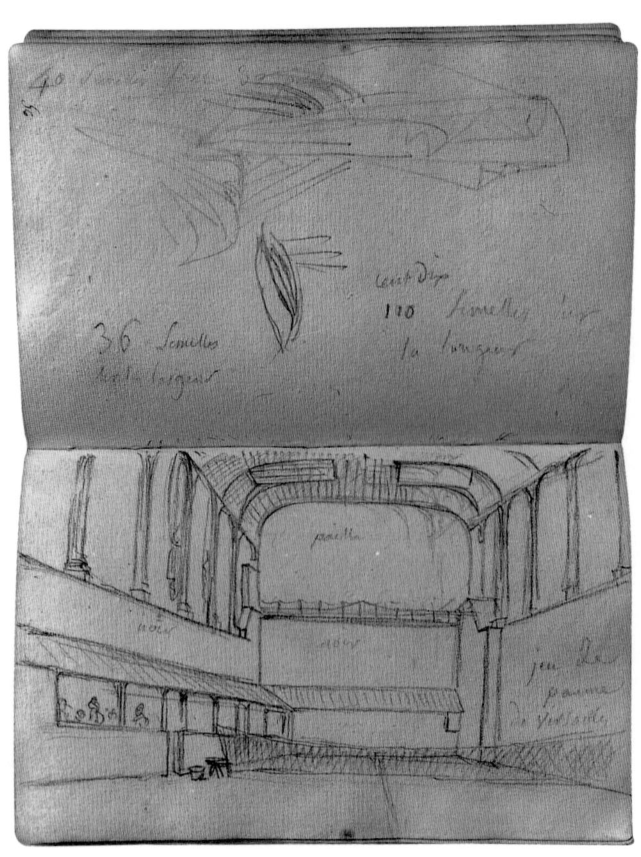

图 87
网球场室内
1790 / 1791 年
黑粉笔
单页：12.5cm × 19.2cm
素描簿，第 33 张前页
凡尔赛宫国家博物馆

誓的代表，那些他无法描绘其样貌的代表，请他们将自己的版画肖像邮
寄给他。当然，如果他们愿意在画家作画期间来一趟巴黎，他将恭候他 141
们来到斐扬画室，他预计这幅画需要两年的时间才能完成。”此外，他
还给个别代表写信，11 月 20 日，他请格雷瓜尔神父和其他的三位传教
士来斐扬画室摆造型。格雷瓜尔的肖像速写（图 89）与其他三四幅肖像
速写还保存至今。除了在代表们身上下功夫之外，大卫和他的三个助手
还雇了一位模特来研究人物的姿态。沿袭早年所受的教育传统，大卫总
是要先画裸体素描，接着再画穿上衣服的模特。最后，建筑师兼画家夏
尔·莫罗（1762—1810 年）在草图准备期间，帮助大卫绘制了网球场的
建筑透视图。

图 88

起誓代表习作

1791 年

蘸水笔，黑色淡染，黑粉笔

49cm × 60cm

凡尔赛宫国家博物馆

《网球场之誓》的油画最终并没有完成，今天保存下来的是一幅未完成的残画，画中只有一个修士、几个人物轮廓以及四位代表的头像（图 90）。从左往右，他们分别是埃德蒙-路易-亚历克斯·迪布瓦-克朗塞、佩尔·热拉尔、米拉波公爵和安托万·皮埃尔·巴纳夫。1791 年到 1792 年的冬天，迫于时局，这幅画也不得不被搁置。画中参与宣誓的部分代表其时已声名狼藉，有的甚至被送上了断头台。巴伊在使用军队驱散人群之后，不得不在 1791 年 7 月辞去巴黎市长的职务，并于 1793 年

图 89

亨利·格雷瓜尔神父肖像

1791 年

布上油彩

56cm × 47cm

美术与考古博物馆，贝桑松

11 月被送上断头台。米拉波公爵则因为与国王私下密谋，企图建立君主立宪制并自立为首相，于 1791 年 4 月被处死。巴纳夫也变成了保王派，于 1792 年 8 月被投入监狱，先于巴伊 10 天被处死。不仅如此，大卫画中试图纪念的所有的代表都属于中产阶级精英，到 1792 年，大革命已经转而拥抱“人民”，他们正是原设计中被大卫放在外围的事件观看者。这幅画如果继续将会面临危险，而且会让人质疑大卫的忠诚与立场，因此，他放弃了这幅画。

大卫没有完成的作品片段，成了大革命与大卫个人职业与名声的变 144
迁的记忆标识。巨大的画布被一直保存在斐扬画室里，1792 年 8 月 10 日，王室瑞士卫队避难至此，旋即被国民卫队屠杀。这次事件在画布上留下了六个刺刀口。1799 年至 1800 年左右大卫打算完成这件作品，但是无法从政府那里获得足够的经济支持。1803 年，画布被卷起存放在卢浮宫。1819 年大卫从卢浮宫取回它，妥善保存在安托万-让·格罗（1771—1835 年）的画室中。大卫去世后，1826 年画室被拍卖，这幅画被剪裁至今天所见的尺寸，但是没有被售出。1836 年，法国政府购买了这幅作品，当时有人建议裁去画上已经上色的四个人像。最终，这幅画在 1921 年进入了凡尔赛宫。

对大卫和许多法国人来说，现实生活里的刺激必然已经大大超过了过去所有的英雄故事。历史正在形成，他们就是其中的一分子。人们可以将自己视为富有爱国精神的高贵的古希腊和古罗马人，与共济会一起，构建着革命的修辞与象征体系。早在 1789 年 9 月 7 日，一个由 21 位女艺术家和艺术家妻子组成的代表团（其中包括大卫的夫人），在凡尔赛宫向国民议会的主席递交了一个装有她们珠宝的匣子，这些珠宝是她们给国家的捐赠。这是在有意识地重演罗马贵妇们将珠宝献祭给阿波罗的著名历史故事。

大革命为大卫的画赢得了新的仰慕者。1791 年沙龙宣布对所有艺术家开放，大卫决定在展出《网球场之誓》素描外，还要搬出《荷拉斯》《苏格拉底》《布鲁图斯》三幅旧作。在大革命的道德与爱国主义的气氛
中，这些画里直接表露的爱国主义，似乎比从前更加引人注目，更能引 146
起人们的共鸣，有人甚至认为“它们比最好的书更能点燃向往自由的灵

图 90

网球场之誓

（未完成）

1791—1792 年

布上油彩

358cm × 648cm

凡尔赛宫国家博物馆

图 91（左下）
奥维利耶公爵夫人肖像
1790 年
布上油彩
131cm×98cm
卢浮宫博物馆，巴黎

图 92（右下）
索里伯爵夫人肖像
1790 年
布上油彩
131cm×98cm
新绘画陈列馆，慕尼黑

魂”。大卫迅速地成为一位有影响力且野心不小的公众人物，不过他似乎还没有成为政治活动家，为有教养的上层阶级和贵族画肖像仍然是他的主要活动。1790 年，社会平静，他为两位女士画了肖像画：奥维利耶公爵夫人（图 91）与索里伯爵夫人（图 92）。她们本是里利家（Rilliet）的姐妹罗贝蒂和安-玛丽-路易丝，两人都嫁给了富有且拥有贵族头衔的丈夫，大卫在画中表现了她们的尊严与安逸，衣着简单入时。

1791 年，大革命的压力开始显现，这一年大卫画了一幅《自画像》（图 93），头发蓬乱，目光犀利，完全不同于他平时肖像画里的人物。这
147 幅自画像可能暗示着他内心的冲突，因为此时他已是一位正式的共和党人。大约在同一时期他为阿德莱德·帕斯托雷夫人画了肖像（图 94）。阿德莱德虽然出自上层家庭，但画里没有展示优雅品味的陈设，只展示了她作为妻子与母亲的一面。当时的政治氛围非常强调家庭道德，那些代表阶级与社会地位的陈设都会被认为可疑。与大卫大革命时期的许多作品一样，这幅画也没有完成。我们可以从背景处那些快速的笔触看出

这一点，而帕斯托雷夫人手里本该拿着的绣花针还没来得及画。非常有可能的是，帕斯托雷夫妇日益极端的政治观点导致他们与大卫关系破裂，也就造成了这幅肖像画现在的状态。

1792 年春天，大卫收到了一项意外的委托，描绘国王向他的继承人王太子展示宪法。大卫肯定不是一位保王派，事实上，接受这幅画的委托意味着他把它视为对温和革命的积极贡献，但这幅画将向我们展现 148
当时棘手而复杂的政治环境。在《路易十六向继承人王太子展示宪法》（*Louis XVI Showing the Constitution to his Son the Dauphin*，图 95）的草图中，大卫画了一幅素描《法国人民向国王献出王冠与权杖的寓言》（*Allegory of the French People Offering the Crown and Sceptre to the King*，图 96），暗示如果国王不尊重宪法，权力就会被撤回。但这幅画也没有完成，原因是路易拒绝接受最终将创造共和政体的宪法。之后的政治气候开始变得对大卫不利。他激烈地否认他与这个项目有任何纠葛："画布鲁图斯的画家，绝不会画国王。"同时代的许多画家也遭受着大卫同样

图 93
自画像
1791 年
布上油彩
64cm × 53cm
乌菲齐美术馆，佛罗伦萨

图 94
阿德莱德·帕斯托雷夫人肖像
1791—1792 年
布上油彩
129.9cm × 96.6cm
芝加哥艺术博物馆

的命运。革命的过程复杂难解，变化迅雷不及掩耳，绘画尚未完成，内容却已不合时宜。

149 大卫决心全身心投入政治，始于 1792 年 9 月他当选国民公会的巴黎代表。那年 4 月，他参与主办了表彰老城堡士兵的革命庆典，庆祝因 1789 年哗变被送上苦役船的士兵如今得救并成为大革命的英雄。这次活动让大卫成了被广泛接受的政治候选人，虽然这也导致了他和安德烈·谢尼埃的关系不可逆转地永久破裂，因为后者认为士兵是暴乱的凶手与公众的敌人。大卫最初的打算可能是成为民选官员以形成对学院更猛烈的攻击，但成了国民公会成员之后，他几乎对所有事件都采取了更为激进的立场，与马克西米连·罗伯斯庇尔、让-保罗·马拉和乔治·雅克·丹东等山岳派成员过从甚密。他们中最著名的罗伯斯庇
150 尔（图 97）原是来自法国北部阿拉斯的律师，他严谨、博学且头脑清晰，主张施行严格的民主，绝不向王室妥协，这也为他赢得了“不可腐

蚀者”的绰号。罗伯斯庇尔比大卫年轻10岁，当大革命转变为暴力镇压，他成为被艺术家认可的人物。随着大卫被选为国民公会代表，他便积极投身政治。他做过一个月国民公会的主席（1749年1月至2月，共和国二年雪月），一任雅各宾俱乐部主席，担任过一般安全委员会和公共教育委员会成员。在国民议会的讲台上，大卫发表过很多慷慨激昂的演讲，但随着嘴里的肿瘤变得越来越大，发音越发含糊不清，很多人不得不在演讲结束后靠着阅读刊登会议记录的官方媒体《箴言报》来了解他的演说内容。1797年，有人毫无同情心地说：

> 造物主，或者说疾病，已经剥夺了大卫成为演说家的能力。那可怕的肿脸不仅扭曲了他的样貌，还夺走了他的演说器官，他嘴里吐出的10个词，听起来却是同一个发音，所以，无论这个男人多敏感，再严肃的话题在他嘴里也失去了尊严，他最好还是只做无声的投票。

图95（左）
路易十六向继承人王太子展示宪法
1792年
石墨
18cm×11cm
第7素描簿，第38张后页
卢浮宫博物馆，巴黎

图96（右）
法国人民向国王敬献王冠与权杖的寓言
1792年
石墨
18cm×11cm
第7素描簿，第41张前页
卢浮宫博物馆，巴黎

图 102
缅怀勒·佩尔蒂埃的致敬
1793 年
雕版画
11.5cm × 18.6cm

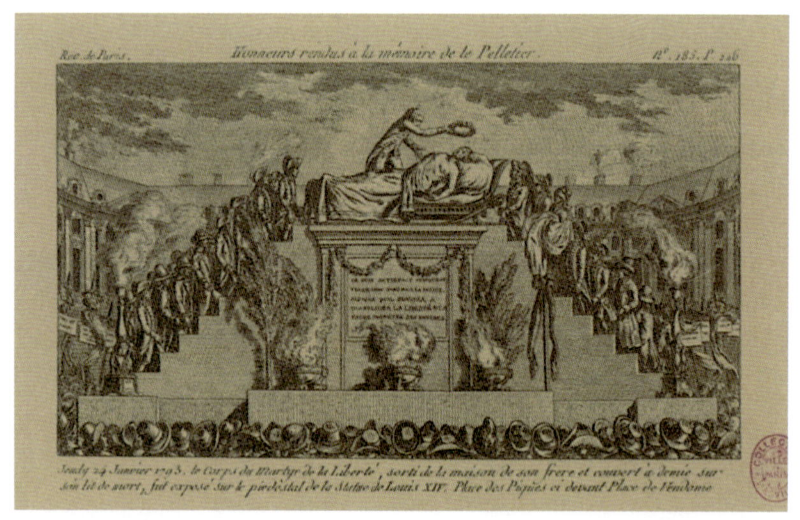

者，人们为他举行了令人印象深刻的国葬，他的遗体告别仪式被安排在旺多姆广场供人瞻仰。他头上戴着月桂冠，躯干赤裸，露出致命的伤口（图 102）。他那被撕裂的血迹斑斑的衣服、刺杀他的剑，都被包含在这一场景之中。大卫最初提出建造一座大理石纪念碑，后来决定创作绘画。1792 年 3 月 29 日的国民公会上，大卫解释了他的意图：

> 真正的爱国者必须抓住任何能够启发其同胞的机会，必须不断地向其同胞展现英雄主义和美德的高贵面孔……在如下的情况下，我将履行我的责任：如果有一天，我的作品能让大家庭的老父亲对他的家人说：“孩子们，过来看一下这幅画，看看第一位为了你们的自由而死去的烈士。看一看他的脸是多么的平静——当你为国
> 158 家献身时，你应该有清醒的意识。你们看到那柄用头发挂在他头上的剑了吗？好吧，孩子们，这表现了米歇尔需要巨大的勇气与高贵的热忱才能击败那些长期以来压迫着我们的邪恶暴君。如果他们走错一步，发断剑落，他们也就会被杀死。你们看到那深深的伤口了吗？你在哭泣，孩子们，转过头来！看看那王冠吧，它是不朽的王冠。这个国家能把它授予她的任何孩子，只要配得上它。”

大卫及时完成了这幅绘画，赶上了 1793 年 8 月 10 日开幕的沙龙。

画中的勒·佩尔蒂埃看起来像是一个为国捐躯的高贵的古代战士，和《安德洛玛刻哀悼赫克托尔》（见图 43）里的赫克托尔处境有些相似，国家陷在处决他们的国王的罪恶感之中，这位共和国的圣徒和殉道者在为他们的罪行做出补偿。刺客的剑，剑柄如高卢公鸡的形状，剑身上刻着王家鸢尾花的装饰图案，剑用一簇头发挂在勒·佩尔蒂埃掀开的伤口上 159
方。这个图像灵感来自广为人知的达摩克利斯之剑的古老故事，剑上穿刺着的纸条上写着“我投票处死暴君”。大卫的题献放在画面的右侧的底边：“大卫致勒·佩尔蒂埃。1793 年 1 月 20 日。”这幅作品将英雄的牺牲与革命过程中风云莫测的现实结合在一起，投票处决国王的代表们深知，保王党的报复将危及他们每一个人的生命，这便是忠于职责可能付出终极代价的例子。大卫在 1793 年 4 月写作的第一篇自传片段说到，这幅作品表现的是勒·佩尔蒂埃在大限来时说出他的遗言：“我愿意为

图 103
仿大卫《尸床上的勒·佩尔蒂埃·德·圣-法尔若》的版画
皮埃尔-亚历山大·塔迪厄
1793 年

我的祖国流血，我希望这将是对她的敌人的一个教训。”可惜的是这幅
160 有力的作品并没有被保存下来，勒·佩尔蒂埃的女儿苏珊娜长大后成了一名狂热的保王派，她以 100 000 法郎的巨资从大卫继承人那里买下这幅画，并在她去世前不久将之付之一炬。她决心将这一图像从世界上彻底抹掉，她同时烧掉的还有皮埃尔-亚历山大·塔迪厄（生于 1756 年）根据大卫原作制作的雕版画。最能让我们想起这幅作品的，是一张受损的雕版画（图 103）以及大卫学生阿纳托尔·德孚日（1770—1850 年）据原画临摹的素描（图 104）。苏珊娜虽然毁掉了大卫纪念她父亲的视觉证据，但在 1804 年，她仍然请大卫为她画了幅肖像画以纪念她与第二任丈夫的订婚（图 105）。这幅肖像画于 1997 年被洛杉矶的 J. 保罗·盖蒂博物馆收藏。

161 就在提交勒·佩尔蒂埃画作仅仅三个半月之后，大卫被要求描绘另外一位被刺杀的国民公会的代表、激进记者让-保罗·马拉（图 106）。马拉曾经是一位内科医生，在伦敦的哈里街行医，回到法国后，曾做过

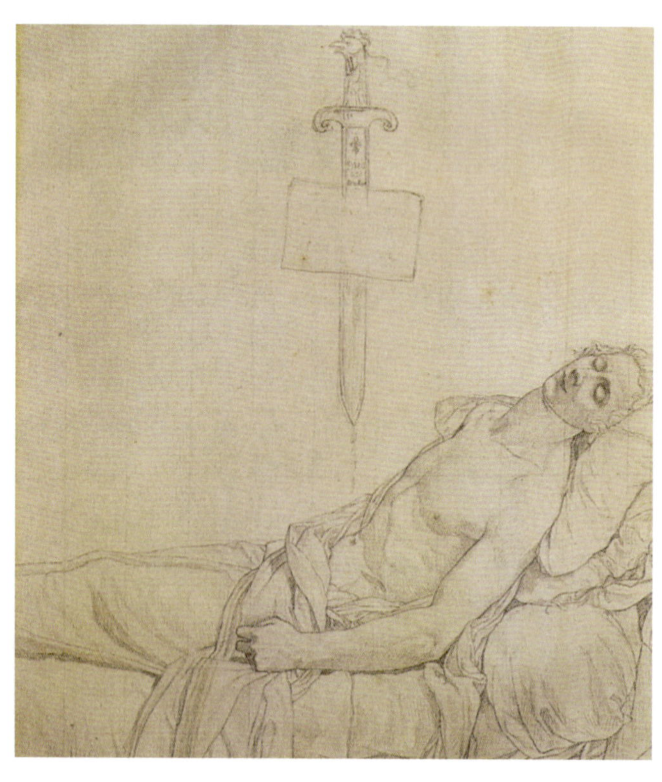

图 104
根据大卫《尸床上的勒·佩尔蒂埃·德·圣-法尔若》所作的素描
阿纳托尔·德孚日
1793 年
黑粉笔
38cm × 33cm
美术博物馆，第戎

图 105
苏珊娜 · 勒 · 佩尔蒂埃 · 德 · 圣-法尔若肖像
1804 年
布上油彩
60.5cm × 49.5cm
J. 保罗 · 盖蒂博物馆，洛杉矶

国王的弟弟阿图瓦伯爵的侍卫。大革命爆发前，马拉一直努力让其科学研究获得认可，但他的抱负不断地在皇家科学院官员面前受挫，他们百般阻挠，不让他加入他们的精英团体。屡遭粗暴拒绝使马拉变得尖酸刻薄且自以为是。和大卫一样，他反对并谴责特权。在革命的早期，他发
行并主编了一份名为《人民之友》的报纸。字里行间里透露出他对当时 162
革命的疑虑，他深深地怀疑保王党人已经在酝酿阴谋，并呼吁发起比从前更激进彻底的改革。马拉经常激烈地批评政府，1792 年，他进入了官方政坛，这样的安排是官方为了获得他的支持的一种策略，顺便获得主要由无套裤汉组成的马拉追随者的支持。无套裤汉（字面的含义指没

图 106
让-保罗·马拉肖像
约瑟夫·博塞
1792 年
布上油彩
44.5cm × 36.5cm
卡纳瓦雷博物馆，巴黎

有穿及膝裤的人）是一群激进且革命意志坚定的小业主和工匠，他们参与发动了很多极端的活动。事实上，马拉的确有着广泛的群众基础，极具影响力，被誉为“人民之友”。在法国走向由雅各宾派活动家煽动的恐怖统治的血腥时期，以罗伯斯庇尔为首的雅各宾派呼吁保护大革命成果，创造一个“道德的共和国”。在战争、叛变和国民内部冲突笼罩的情况下，激进派开始要求无情地清除所有敌对分子（甚至包括某些公会成员），极端的手段一时间被认为是正当的。马拉是这些活动的主要领导之一，他提出了“用暴力确立自由”的名言，他还坚决主张镇压那些哄抬物价的投机商与囤积者。1793 年 4 月，他因呼吁强行取消温和派代表吉伦特党人在国民公会中的要职而被捕，随后被革命法庭无罪释放。两个月后，被捕入狱的人成了吉伦特党人，因为国民公会的控制权落在了马拉所属的激进的山岳派手中。

1793年7月13日，马拉被来自诺曼底的24岁的夏绿蒂·科黛刺杀，刺客认为马拉是一个疯狂而危险的狂热分子，是他把大革命送上了嗜血之路。夏绿蒂从卡昂旅行来到巴黎，将除掉马拉视为一个爱国者的责任，一种近乎宗教的行为。她把自己视作当代的犹滴（杀死亚述统帅荷罗孚尼的女英雄），她写道：“我期待把他当作祭品送上国民公会的峰顶。”她本打算在大革命四周年庆祝之际执行刺杀，以期她的行动的 163
重要性能够立即获得承认。但马拉因病得太重而无法出席国民公会，她便将行刺地点改到马拉位于科德利埃街的家中，但她被马拉的同居伴侣西蒙娜·埃夫拉尔拒之门外。机敏的夏绿蒂随机应变，给马拉留下了一个便条，告诉他卡昂发生了一些反革命活动，这正是能激起马拉的好奇心的事。所有这些步骤，科黛都经过了精心计算和冷静考量，目的性明确，她甚至在去马拉公寓的那个下午改变了自己的发型。她在马拉公寓再次碰壁，不过她借着西蒙娜被卖报者转移注意力的时候溜进了家中。马拉听到她们的高声说话声，便请她进来。她发现马拉头上包着浸过醋的头巾、在浴室里工作，因为热水浴能够减轻皮肤病的折磨。马拉询问她便条里写的关于叛乱者的更多信息，他一一记下他们的名字，并说“他们很快就会被送上巴黎的断头台”。就在此时，夏绿蒂从衣服里抽出新买的五英寸长[1]剔骨刀，从马拉右侧锁骨旁插入，切断主动脉直刺他的心脏。马拉呼叫西蒙娜后，几分钟之内便咽气了。夏绿蒂知道任务完成，并没有试图逃跑，她深知等待她的惩罚将是死亡。

次日在国民公会上，代表吉罗杜提议要用比死亡更可怕的酷刑折磨夏绿蒂，之后大声疾呼：“一只弑父的手从我们这里夺走了人民最勇敢的捍卫者。他唯一的罪行就是他总是为了自由而牺牲自己。我们的双眼仍在我们中间寻找一个人的身影……大卫啊，你在哪里？你已经用你的绘画向后世子孙传递了为国捐躯的勒·佩尔蒂埃。这里有另一幅画等待着你。”“我会画的。”艺术家回答道。大卫与马拉认识（他们都是共济会的成员），大卫还曾在国民公会上维护过被吉伦派攻击的马拉。大 164

1 约12.7厘米。——编注

1789 年 10 月 5 日将国王从凡尔赛带回巴黎的女性们。接下来的第三部分，在曾经竖着路易十五像的革命广场上，放着巨大的自由女神像，她的脚边堆放着君主专制主义的残迹，如过去君主的半身像、旗帜、战利品等。当这个具有象征意义的废墟堆被点燃时，如云的 3000 只白鸽被放飞到空中。进入第四部分，是一个巨大的赫拉克勒斯雕像，他代表法国人民打碎了象征封建主义的九头蛇。第五也是最终部分，是一个献给祖国的祭坛。可以看出，整个的庆祝活动就像一个结合了基督教仪式、共济会图像、爱国主义与民间文化的大剧场。大卫的宣传技巧受到了高度评价，但是这个节日标志着他与谢尼埃关系的最终破裂，因为后者评论整个庆典“是我曾赞赏的大卫愚蠢地导演的糟糕透顶的疯癫”。

大卫的大革命庆典活动中最盛大的是 1794 年 6 月 8 日的“最高主
181 宰节”（革命历共和二年牧月二十日）。王室与教会数个世纪以来关系密切，法国虽于 1793 年完成了去基督教化，但还保留了部分必要的宗教形式，一是有助于维护社会内部的凝聚力，二是让人还能保有死后得到救赎的希望。因此，一个公民的宗教，一个崇拜理性、仁慈与智慧的“最高主宰”的一神教被建立。庆典活动从杜伊勒里花园开始，罗伯斯庇尔在 100 000 名听众前发表了开幕演说，接着点燃了一个纸糊的巨大的象征无神论的雕塑，在其化为灰烬后，露出了智慧女神的塑像（图 119）。罗伯斯庇尔接着说道：“它已化为灰烬，这个皇帝的邪恶天才吐给法国的怪物已化为乌有，让它消失吧，让这个世界上所有的邪恶与惨境都随之消失吧。”接着，游行队伍向着团结广场（战神广场在大革命时期的名字，埃菲尔铁塔矗立的地方）进发，在那里有一个圆形剧场、凯旋门和巨大的人造土丘，土丘上面有洞穴，还放着赫拉克勒斯的雕像与自由之树（图 120）。人群这时已经发展到 200 000 人，唱着赞美神的颂歌，乐队演奏着交响乐，青年与老人像大卫的《荷拉斯》画的那样在一同宣誓。在每一个这样被大卫 · 多德称为“巨幅真人壁画”的节日里，大卫成功地动员、整合与控制着原本分散无序的人群，赋予每一个这样的政治日子以可见可感的文化框架。

大卫曾思考的问题还有如何向人民再现人民，为此他转向了赫拉克勒斯这个人物，大卫也曾在“团结与反分裂节”上使用过它。早在

图 119
在最高主宰节上焚烧无神论雕塑，揭幕智慧女神像
1794 年
雕版画

1793 年 11 月初，大卫提议在巴黎的新桥竖一座象征着法国人民的赫拉克勒斯的巨型雕像。选择赫拉克勒斯，大卫可以回避所有与公会及其代表有关的指涉意义，以简单易记的图像来作为人民力量的集体象征。这个铜像将以缴获的敌人的大炮浇铸而成，基座将由来自王家纪念碑与巴黎圣母院［当时名为理性殿（Temple of Reason）］的圣像与国王雕塑的粉末制成。在大卫看来，赫拉克勒斯将让理性的胜利被永久纪念，公民将受到雕塑所刻关键词语的教导：在雕像的额头上，刻上“光”字，暗指才智，胸口上刻着“自然”与“真理”两个词，双臂上刻着“力量”，手上刻“工作”。其中的一只手上托着“自由”与“平等”两个小人像，另一只手里则拿着他那令人致命的棍子。他甚至提出了筹集雕塑费用的两个方案，但是如此耗资巨大的项目，即便在政局稳定的时期都属奢侈，更不用说是在一个工业与制造业都只能勉强满足战争需求的国家了。 182

对大卫来说，赫拉克勒斯是一个强有力的革命象征，他成了大卫

图 120
庆祝最高主宰节时团结广场上的假山
1794 年
雕版画

为《法国人民的凯旋》(*The Triumph of the French People*，图 121）做的两个设计中的主要人物。这些设计可能原属无套裤汉的一个五幕剧《8 月 10 日的会议》(亦名《法兰西共和国的成立》）项目。这次演出的创
183 作者是画家与国民公会的代表加布里埃尔·布基耶（739—1810 年）与公会的登记员 P. L. 莫林，于 1794 年 4 月 5 日在巴黎歌剧院首演。戏剧的内容与场景很大程度上都以大卫的节日庆典为基础，他自己设计的两个幕布表现了部分游行花车原本该表现出的样子，也展示了他所属意的革命演员们。赫拉克勒斯坐在胜利战车上，双膝上分别放着“自由”与“平等”，他前面是“科学”、“艺术”、“商业”与“富饶”的化身。四驾由公牛拉着的战车，车轮碾碎了王权与封建制度的象征物。胜利之神握着一柄矛盘旋在公牛的上方，在前方，两个爱国者击杀了一个坠落的国王。牛车后面赶上来的是古希腊罗马、中世纪以及当代的政治英雄们：他们中有科尔内利娅，这位罗马女性称呼自己的孩子是珍宝，她握着他们的手，她是爱国者母亲形象的模范；接下来的是布鲁图斯、威

图 121
法国人民的凯旋
1794 年
石墨，蘸水笔，墨水淡染
38.6cm × 71cm
卡纳瓦雷博物馆，巴黎

廉·退尔及坐在他肩上的儿子、马拉展示着他的伤口、勒·佩尔蒂埃将手放在受伤流血的身体一侧。在这些人后面的是两个吉伦特党人，皮埃尔·培尔（也称皮埃尔·巴耶）与夏尔·博韦·德·普雷奥，1793 年夏 184
天土伦陷落时他们被保王党人交给了英国人。培尔于 1793 年 9 月 1 日至 2 日凌晨自缢，这里表现的他揪着自己的领巾。在土伦被捕入狱的博韦·德·普雷奥虽然于 1793 年 12 月被释放，但据说，他在狱中遭受了酷刑，因此在大卫的设计中，他拉着一条监狱中的铁链。这些画作创作于恐怖统治最严厉的时期，代表了大卫最激进也最极端的一面，完全与当时处在严厉与暴力阶段的大革命的语调一致。他将罗伯斯庇尔的“道德的共和国”创作成艺术，喷涌而出的鲜血将殉道者升华为神，从内部彻底清洗着敌人。由于剧院搬迁以及政治气候的变化，这些戏剧的幕布一如大卫革命时期的工作一样，草图从未变为真正的作品。

就在“最高主宰节”庆祝活动取得巨大成功的7周后，热月九日（7 月 27 日），罗伯斯庇尔及其亲信在国民公会上被左右翼阵营中的异见分子组成的临时联盟推翻，并于几天后被推上断头台。形势很快变得明朗起来，这是一场以让·朗贝尔·塔利安与路易-斯坦尼斯拉斯·弗雷龙等人为代表的保守派的胜利。恐怖统治在持续了近 10 个月后终于宣告结束，这期间有 30 000 至 40 000 人遇害。随之结束的，还有大卫的政治生涯。

第四章 走到人生的边缘

入狱、解脱与蜕变

大卫与罗伯斯庇尔走得很近，他很可能也会在热月九日的政变后被 187
处死。但是，就在罗伯斯庇尔被逮捕的那天，大卫没有出席国民公会。他称病在家，而头一天他还身体无恙，并在那天的会议上宣布支持被代表们围攻的罗伯斯庇尔："如果你喝下毒芹汁，我会跟着喝。"缺席很可能让大卫躲过一劫，他似乎提前得到了信息。在热月十三日（7 月 31 日）的国民公会上，大卫遭到批判，被称为"叛徒""篡权者""艺术的暴君"。他冷汗直冒，支支吾吾地在政敌前为自己辩护，得以躲过杀戮，但是两天后还是遭到逮捕。那个世纪最革命的国家的艺术独裁者现在被送上了生死的审判庭。对大卫最主要的指控是他对罗伯斯庇尔的支持以及他在一般安全委员会所做的一系列决策，例如签署的逮捕令。他被要求交代过去的行为与革命关系，他提及他过去被罗伯斯庇尔强悍的个性与革命热情迷惑欺骗，他宣称"我的内心是纯洁的，错的是我的头脑"。随后的 1795 年 5 月 2 日，他遭到更多的指控，断言他滥用权力，处决与他政见不同的敌对艺术家。在这第二份诉讼状中共有 17 项指控——大卫称之为"恶意的中伤"，他准备了一份详细且论证周密的抗辩书。"我可以明确地证明，我从未造成任何艺术家被逮捕，相反……我帮助了很多来自敌对阵营的艺术家。"对大卫的这些指控多少有些捏造成分，多以坊间传说与小道消息为依据，有的甚至来自他充满戏剧性与修辞手法的讲演片段，几乎没有确凿的证据。

热月十五日（1794 年 8 月 2 日），大卫被捕后，被拘禁在相对舒适 188
的农场总务大楼（Hôtel des Fermes Générales），这里是前征税官的行政大楼。一个月后，他被转移到卢森堡宫并一直被关押至 12 月 28 日，公会发现对他的指控不成立，大卫在这里被释放。但是，随着新的诉讼状出现，他于次年 5 月 28 日再次被捕，关押在四国学院内，直到两个月后的 8 月 3 日。快到 7 月底的时候，他得了重病，加之害怕他自杀，当局采取了一些防范措施。他因身体状况欠佳而获得假释，直到 1795 年 10 月 26 日所有的革命羁押犯因公会解散获得大赦，大卫的苦难才总算结束。新通过的宪法创造了督政府，5 名"督政官"成了执政核心，他们负责两个立法院。

大革命时期，大卫的作品极少，但在监禁期间，他以饱满的热情

图 122
自画像
1794 年
布上油彩
81cm × 64cm
卢浮宫博物馆，巴黎

投入工作，对他来说，绘画可能是一种逃避，也可能是表明他是艺术家而非政治家的有形证据。在农场总务大楼，大卫的房间曾是前门房的儿子 F. A. 勒热（1779—1837 年）的绘画工作间，勒热曾是大卫的学生，这时他正身在军队。另一个学生皮埃尔-马克西米连·德拉方丹（约 1774—1860 年）还带来画具、画材与镜子，大卫用这面镜子完成了他的第二幅自画像（图 122）。在这张自画像中，大卫显得比上一张（见图 93）中的自己少了一些焦虑不安的情绪，直视观众的目光混合着疑惑与坦率，手中拿着画笔与调色板，左颊的肿瘤变得更加明显（由于借助镜子的缘故，肿起的右颊因镜像倒置变成了左边）。这张画是大卫有力且充满说服力的图像辩护，他应以艺术家的身份来接受审判。他看起来比
189 他的实际年龄 46 岁年轻，这不仅是他自画像的特征也是他为他人所画的一些肖像的特征。在被转移到卢森堡宫后，大卫继续工作，画了一张母亲像（今佚），可能是因为在囚禁期间，母亲来看望过他。此外还有一张仿雕版画风格的肖像素描《包头巾的女士》（*Woman in a Turban*，图 123），签名一针见血地指明：“J. L. 大卫画时戴着镣铐。”除此之外，

图 123
包头巾的女士
1794 年
蘸水笔，棕色墨水
37cm × 26cm
私人收藏

他还画了一幅也是他仅有的一幅风景画《卢森堡花园一景》（*View of the Luxembourg Gardens*），描绘监狱窗外的风景，可能就是现藏于卢浮宫的那幅（图 124）。大卫画画需要以生活或自然里的真实景物为描绘对象，而身陷囹圄的他可画的主题变得非常有限。不过，卢浮宫的这张风景画的主题与作者归属向来充满争议。有的学者认为，画里描绘的更像地中海地区而非欧洲北部风景，处理颜料的手法也迥异于大卫同时期的其他作品。因而，尽管大卫画过他的监狱外的风景的说法广为人知，但并不是所有专家都承认这张画的可靠性。

此外，大卫还开始了一幅新的历史画创作，主题是《荷马向希腊 191
人民吟诵他的诗歌》（*Homer Reciting his Verses to the Greeks*，图 125）。大卫深深感到自己与这位古代盲诗人有很多共同之处——他们都孤独，都遭受过迫害。关押在四国学院期间，大卫为狱友让布朗·圣-安德烈画过一张椭圆形[1]的肖像（图 126）。圣-安德烈曾是位新教牧师，政治经历也与大卫有颇多相似之处。他也曾是山岳派成员，为国王的死刑投过赞成票，还担任过国民公会的主席。同时，他还是公共安全委员会的成员，这个由 12 人组成的委员会是恐怖统治时期的法国的真正掌权人。大卫画中的圣-安德烈正直而坚毅，看不出一点被监禁过的痕迹。但是，画面下缘处的拉丁语署名处，大卫却流露出个人的委屈："友谊的馈赠。情感的慰藉。大卫画于镣铐中，共和三年（1795 年）获月二十日。"

大卫在第一次也是最长的囚禁期内的书信，毫无意外地流露出他遭受了巨大的精神痛苦与折磨。首次出现的真正衰老的迹象让他的牢狱之
苦变得更难以忍受，他的视力开始衰弱，不得不戴上眼镜才能工作。监 192
禁生活也让他有了时间来审视他的政治活动："我被禁止回到我的画室，唉，我本不该离开那里。我曾以为接受光荣却极为困难的立法者的任务，只要有一颗正义的心就足矣，但我却缺乏第二种品质——宽容。"他又一次出现了妄想症的倾向，怀疑是"秘密敌人"作祟才使他被长期监禁。在卢森堡宫期间，大卫和他的妻子的关系有所缓和。此时，她的经济状况似乎比从前更加独立，不久前父亲的去世为她带来了可观的遗产。二人关系的改善，必然是他们恢复了往昔真情的结果，不然此时的

1 原文如此。——编注

图 124

卢森堡花园一景

1794 年

布上油彩

55cm × 65cm

卢浮宫博物馆，巴黎

图 125

荷马向希腊人民吟诵他的诗歌

1794 年

黑色与红色粉笔，蘸水笔，墨水淡染

27.2cm × 34.5cm

卢浮宫博物馆，巴黎

图 126
让布朗 · 圣−安德烈肖像
1795 年
蘸水笔，墨水淡染，白色高光
直径 18.2cm
芝加哥艺术博物馆

她还能希图身陷困境的丈夫给她带来什么呢？大卫在信中写道：“我的妻子带着四个孩子出现在狱监面前，他们的眼泪打动了他，他让他们来见我。当着狱监的面，她抱住了我，搂着我的脖子。她对狱监说：‘公民，不要以为你看守的这个人是一个坏人。他是我认识的最正直的人，请相信一个忠诚的妻子。’她和我们的四个孩子将我抱住，我们都泪流满面。这温柔又意外的拥抱让我们的灵魂结合在一起。”两人最终于 1796 年 11 月 12 日复婚。

大卫忠实的学生们为他开展了一场请愿活动，在 1794 年 11 月 30 日，17 个学生向国民公会递交了请愿书，要求释放他们的老师。在大卫于 1794 年 12 月最终从卢森堡宫假释后患了病，为了疗养，他请求国民公会允许他去他妻子的妹妹及其丈夫家短住，他们的家位于距巴黎 32 公里的图尔南昂布里附近的圣欧文。这次拜访很快因 1795 年 5 月大卫再次被捕而中断，但当他于 8 月第二次也是最终无罪释放后，他又在士兵的陪同下回到了这里，继续疗养。在这里，他为招待他的主人们绘制了肖像画。画中，谢利萨夫人（图 127）与儿子坐在室内，好像刚刚散步回来。她的面颊绯红，手里握着刚采摘回来的野花，大卫对花束的 193
描绘极为生动精细。不同寻常的是，大卫将身为律师的皮埃尔 · 谢利萨（图 128）的画像背景选在了室外，他身着大衣，跷着腿坐在岩石上，带

图 129

雅各布斯・布劳肖像

1795 年

布上油彩

92cm × 73cm

英国国家美术馆，伦敦

图 130
加什帕尔 · 迈耶肖像

1795 年
布上油彩
116cm × 89.5cm
卢浮宫博物馆，巴黎

较浅的空间都是大卫人物画惯用的手法。布劳对这幅画非常满意，他写
信告诉大卫："我的愿望终于得以实现，我亲爱的大卫。你的画布复活
了我，从某种意义上，你绝妙的画笔让我不朽。"加什帕尔·迈耶的肖
194 像（图 130）相对显得拘谨、正式、有距离感。很明显，他本人也是一
位更加精明而谨慎的外交官。所以在表现他时，大卫设计了更具有自
我意识的姿态。不过，这两幅作品向我们提出了一个问题——为什么
这两位外交官会请一个刚获释的、名誉扫地的雅各宾党人为他们画像
呢？就布劳一方看，他很欣赏大卫的艺术与政治观点，反而对法国大
革命转向温和备感失望，他请大卫画像或许算是对时局的一种小小的
195 抗议。但迈耶则怀疑请大卫画像在政治上是否明智，因此在整个绘画
过程中他都表现得极不自在，最终甚至不屑到大卫画室取回成品，他
的肖像画便一直留在大卫画室直到大卫去世。

大卫的声望正逐渐恢复，1795 年 12 月，大卫成为取代学院的新机
构学会绘画部的 6 名候选画家之一就是很好的证明。选择学会成员的决
定权在督政府手中，大卫过去的社会活动似乎并没有给他带来不利影
响，毕竟他仍然是法国首屈一指的画家。讽刺的是，学会对成员的选择
198 标准甚至比过去的学院更加严苛，但大卫欣然接受了任命。他从前对权
威的不满，主要是出于个人恩怨，其次才针对无趣且一再重复的教学方
法，但现在教学也不再是学会的职责。

监禁期间，大卫已经计划回归历史画，素描《荷马》（见图 125）项目就是一个证明。不过，他很快放弃了这一主题，转而开始筹划《萨宾妇女的调停》[1]（*The Intervention of the Sabine Women*，图 131），此画占据了他很多时间，直到 1799 年才完成。故事取材于古罗马时期，为了保证城邦人口增长，罗穆卢斯与他的罗马同胞从邻邦萨宾劫掠女性。三年之后，萨宾的男性在塔蒂乌斯的带领下向罗马发起反击。大卫描绘的是罗马人劫掠萨宾女性之后的事。大卫亲自撰写了故事后半段的内容，附在展览宣传小册子里：

> 双方相遇，战斗正酣。画面正中，双方统帅［罗穆卢斯与塔蒂乌斯］在乱斗之中相遇，根据古代英雄时代的习俗，他们将展开

1 下文简称《萨宾妇女》。——编注

> 一对一的决斗。但是夫妇之爱与母子之情对这场战争就无所作为
> 吗？被罗马劫掠的萨宾女性们忽然冲进了战场。她们的头发飘散在
> 空中，她们的怀里还抱着赤裸的婴儿，穿过成堆战死的士兵，战马
> 也被她们的闯入惊起乱窜。她们向她们的父亲、兄弟、丈夫大声呼
> 喊，她们自称罗马人，也自称萨宾人，她们用最亲密的名字来呼喊
> 战场中她们的男人们。战斗的人们被感动了，为她们让路。她们当
> 中的埃希莉娅是罗穆卢斯的妻子，两人已有两个孩子，她跑向正在
> 决斗的丈夫："萨宾的将士们，你们到罗马的城墙下做什么？"她哭
> 喊着，"这里的人既不是你们要送还给她们父母的女儿，也不是你
> 们要惩罚的强夺者。如果我们还是陌生人，我们理应挣脱他们的怀
> 抱，但是现在我们与他们缔结了最神圣的纽带，你们怎能将妻子从
> 丈夫身边带走，让母子分离……"一些陪她同来的女性将孩子放在 199
> 士兵的脚旁，士兵沾满鲜血的刀剑从手里滑落。有的女性将襁褓里
> 的孩子像盾牌一样举在胸前抵挡长矛阵，见状的士兵都放下了手里
> 的长矛。罗穆卢斯收回了准备掷向塔蒂乌斯的标枪。骑兵的将领将
> 剑收入了剑鞘。士兵们举起自己的头盔，作为和平休战的信号。夫
> 妻的感情，父子与兄弟之爱感染了双方士兵。不久之后，罗马与萨
> 宾结盟，成为一体。

这样的主题很少入画，多数艺术家会选择表现蹂躏的场面，因为那更有戏剧性，更带有可以刻画的动作。普桑曾经两次画过这一主题（分别于约 1635 年、约 1637 年），其中一幅现藏于卢浮宫。大卫则决定表现蹂躏暴力与干预抚慰间的对比。《萨宾妇女》展现的家庭冲突图像是当时大革命走到和平与和解的巅峰的隐喻，这一主题对大卫而言既具普遍性又有个人关联。法国正渐渐恢复正常，从恐怖统治的惊愕中恢复过来，派系斗争逐步消除，政治流亡者也陆续回国。这幅画也是大卫对自己妻子的致敬，它肯定了女性作为和平使者的力量。这是大卫第一次在历史画中让女性做主角：埃希莉娅（图 132）居中而立，被左右两方的势力撕扯着，右边是她的丈夫罗穆卢斯，左边是她的父亲塔蒂乌斯。其他的女性面向战士，将自己与孩子置身在敌对的两军之间。《荷拉斯》

图 131

萨宾妇女的调停

1799 年

布上油彩

385cm × 522cm

卢浮宫博物馆，巴黎

与《布鲁图斯》中消极与逆来顺受的女性绝不会出现在这里。不过，尽管女性是画中的主角，但在评论此画时，当时的评论家（以男性为主）争论最多的却是罗穆卢斯与塔蒂乌斯悬置的动作以及他们理想化的裸体。在当时的男性观众眼中，埃希莉娅还不是一个能够独立思考与自由行动的个体，决定她的行动性质的是她与两个主要男性人物——父亲
202 塔蒂乌斯与丈夫罗穆卢斯——的关系。干预和调停战斗是对两方家庭忠诚的两难境地唯一的解决之法。今天的学者，尤其是埃娃·拉耶尔-布尔夏特，认为这幅画关注的是大革命进程中男女之间的关系。古罗马时期男性可能与尊严、权威有关，而女性则被视为自然的创造物，屈从于她们自己的感情，她们的行为令人愉悦却充满自发的无意识，莽撞地侵入属于男性的战争与政治领域。画中唯一望向画外直视观众的成年人是埃希莉娅身后身着红衣的女性，她的双臂举得高过前额。在所有的女性中，只有她没有带上孩子，也没有参与行动。借助衣服的色彩与她的姿势，她似乎被塑造成一个充满强大力量的狂热代表，这会令人不安地联想到，这样的力量若不加控制，将导致恐怖统治时期那样的暴行。

《萨宾妇女》采用了大尺幅，长约 5.2 米，高约 3.9 米，大卫在卢浮宫塞纳河边新购入的宽敞的画室里创作这幅作品。在这幅画中，大卫风格的变化一目了然。《荷拉斯》或《马拉之死》中的张力、戏剧性与朴素简洁被用光均匀与叠砌着不同行动的拥挤构图取代。《荷拉斯》中，画家集中展现了令人难忘的单一图像，而《萨宾妇女》则给观众带来一个接一个的冲突，要求观者按顺序“阅读”。15 年来，大卫关于艺术的理念已经发生改变，他说他希望《萨宾妇女》“更希腊式”，这意味着他的目标是要塑造一种单纯的英雄主义形式，以呼应古希腊艺术中对战争的仪式化表现。荷拉斯父子体魄强健、肌肉凸起的形象源自画家对真实模特的细致观察，塔蒂乌斯与罗穆卢斯两人的平滑的身体（图 133）则基于画家对古代雕塑的研究。大卫说：“也许我在《荷拉斯》中展示了太多的人体结构，在《萨宾妇女》中，我将更小心，更富于趣味地隐藏它。”和他所有的主要画作一样，大卫为这幅画的细节做了精心的准备。他在图书馆里做了许多案头研究，参考了古代大师们的雕版画，并

图 132
萨宾妇女的调停
（图 131 局部）

DAVID F.

和其他艺术家研究讨论。大卫特别借鉴了两位英国艺术家的作品：一位是约翰·弗拉克斯曼（1755—1826年），大卫参考了他为荷马《伊利亚特》创作的两幅插图，《为帕特罗克洛斯的尸体而战》（*The Fight for the Body of Patroclus*，图134）与《狄俄墨得斯以矛挑战玛尔斯》（*Diomedes Casting his Spear against Mars*）；另一位是詹姆斯·吉尔雷，大卫参考了他1792年的讽刺漫画《罪恶、死亡与恶魔》（*Sin, Death and the Devil*，图135）。为了让故事的场景与细节尽可能真实，背景处那些令人压抑的岩石图像来自罗马卡比托利欧山西南角的塔尔佩欧岩。根据故事，在战斗开始时，这块巨石最初由萨宾人占据，他们之所以能够占据，是因为卡比托利城堡指挥官的女儿塔尔佩欧背叛了罗马，她主动提出可以出卖要塞，只要萨宾士兵把他们左臂戴的东西给她——她指的是他们左臂上戴的黄金手镯。但是，在夺得了卡比托利城堡之后，萨宾士兵用盾牌杀死了她——因为盾牌也佩在他们的左臂。从此，这块岩石就以她的名字命名为“塔尔佩欧岩”，她的名字也成了叛徒的代名词，这里也成了日后的法场，杀人犯与叛徒将从岩顶被推下。由此看来，画面中除了萨宾女性的英勇调停，一同出场的还有背景处臭名昭著的女性的贪婪的象征。

大卫为了达到考古学式的准确，特意让画中前景处的马匹不佩戴嚼子与缰绳，这一省略让当时的评论家很是困惑，纷纷质疑若历史果真如此，那罗马人该如何控制坐骑。大卫在当时已知的古代雕塑中没有找到类似嚼子与缰绳的图例，所以他认为自己是忠实于历史的。但根据今天的考古资料，古罗马时期的嚼子与缰绳主要由金属制成，金属腐蚀后难见存世品。画中战士的模特来自他的学生与朋友，他的孩子们的乳
母也做了模特，是画中冒着被羞辱的可能撕破衣裳露出双乳以阻止双 207
方拼杀的老妇人的原型。当时两位著名的美人奥萝尔和阿黛勒·贝勒加德姐妹主动请缨为大卫做模特，为了让他能够鉴别她们是否适合，她们出其不意地脱去衣袍，令大卫颇为难堪。深色头发的阿黛勒为画中前景处露出双乳跪在地上的萨宾母亲做了模特，后来为了引起公众的注意，她在去剧院时还特意将头发做成画中的样子。两姐妹主动成为大卫的模特的确有些令人意外，但这表明过去的创伤已经抚平，他

图133
萨宾妇女的调停
（图131局部）

郎就请他们吃饭，这样的大餐一共进行过三次。虽然大卫最初提议当展览收入等同于一个买家可能支付的费用时，他就会将这幅画交给国家，但他并未这么做。1801 年 10 月，他从正在举办的展览收益中，在靠近巴黎东南 48 公里的枫丹白露森林附近的欧祖尔勒武勒吉（图 139）购买了马尔库西的乡村别墅。

大卫主要的历史画作品从《贝利撒留》到《萨宾妇女》都包含着明显的戏剧元素。大卫的一生始终与剧院保持着关联，他定期观看各类演出。他的“叔叔”塞代纳及最早的赞助人比埃夫勒侯爵都是剧作家，他交际圈里的朋友有不少是批评家、演员、舞蹈家、歌剧歌唱家、作曲家与舞台设计师。大卫第一次参与戏剧大约是在 1782 年，当时演员让・莫迪厄・拉里夫请他为其在法兰西剧院上演的斯巴达国王亚基斯一角设计一套符合史实的演出服装。18 世纪 80 年代，在吉罗代的引荐下，他结识了弗朗索瓦-约瑟夫・塔尔马（后来成为那个时代最伟大的悲剧演员），并为他设计过舞台服装。法国悲剧与大卫 18 世纪 80 年代的历史画都关注场景设定的历史准确性、戏剧的教育性与表达的准确性。在剧院，后两种要求通过复活有力但自然的动作来达成。相应地，不单单是
217 面部表情，更重要的是通过调动整个身体来表达故事，表现激情和情感反应。大卫的作品往往被比作戏剧，就是因为他画中采用舞台式的背景设定，演员式的人物造型和充满戏剧性的动作交流。描绘凝聚着悲怆与情感的重要时刻的视觉化手法与当时戏剧的惯例有着明显的相似之处。大革命时期，大卫的绘画被重新创作成“活人静画”在巴黎的舞台上演出，1789 年 10 月 31 日上演了《荷拉斯》与《苏格拉底》，1790 年 11 月 19 日《布鲁图斯》紧接在伏尔泰的同名戏剧（参见第三章）之后上演。但是，尽管 18 世纪 80 年代的绘画可以转化为表演风格来强化戏剧中的高潮时刻，但《萨宾妇女》中那种暂停而非凝固的动作则很难在活人静画中被保留下来。1800 年 3 月 30 日，这幅画作还是完整地以现代服饰的形式穿插在一出杂耍表演中表演过。尽管如此，由于画中不同于以往的动作形式，关注的焦点放在主要人物塔蒂乌斯与罗穆卢斯间的呼应结构上，加上均匀的布光，《萨宾妇女》是大卫的历史画中最难与舞台剧联系到一起的作品。它的剧场性在于它呈现给公众的方式：比起

图 139
欧祖尔勒武勒吉一景
1801 年
黑粉笔，墨水淡染
15cm × 23cm
私人收藏

被动地站在画布前观看，观众的参与本身就更接近于一种表演。

大卫想要保持低调的愿望、他的部分人物肖像画以及描绘和解的绘画主题，都可能与他参与过的短命的秘密崇拜“神人之友”（Theophilanthropy）有关。对它的信徒而言，这个无所不包的宗教，宣扬神的存在和灵魂不朽，宣扬包容、个人对同胞的责任的重要性。“神人之友”起源于共济会，因为雅各宾派与共济会的关系，它难免也会遭到一些怀疑。恐怖统治期间和之后的时期，共济会小屋大多遭到关闭，很多共济会成员的加入也加速了这一宗派的兴盛。这种宗教的折中主义与乌托邦式的信条，更讲求考验一个人的良知，并不强调礼拜的正 218
式性，大卫和他的教友就曾要求与那些仍然忠于天主教的信徒共享巴黎圣母院。

大卫虽然不再直接参与政治，但他对政治的兴趣并没有消减。他订阅了一本激进的时政通讯，还签署过一些请愿书，私下里依然持有极端的革命观点。1797 年 10 月底，美国画家约翰·特朗布尔请大卫帮忙获得通行证，以离开法国前往英格兰。约翰虽然喜欢大卫，但也认为大卫与恐怖统治的关系令人反感，感到有必要询问大卫对近来法国发生的恐怖事件的看法。艺术家的回答像一个毫无悔意的大革命鼓吹者，他说：“的确是流了很多血，但为共和国的福祉，再有 50 万人断头又如何呢？”

比这些观点更为重要的是，大卫此时仍然认为他的艺术应该是政治的，是体现国家价值的。他曾一度考虑要完成《网球场之誓》，但是发现必要的开支可能会超出他的能力范围，又不可能获得政府的资助，才作罢。《萨宾妇女》在经济上取得了巨大的成功，但它仍然是一幅以公众为目标观众的公共绘画，画家的目的是想要与人民分享自己的作品，让观众注意到这个国家在罗伯斯庇尔倒台之后也在经历和解。

作为将自己打造成一位具有奉献精神的艺术家的一部分，大卫扩大了招生，其中有的学生，特别是埃蒂安-让·德勒克吕泽（1781—1863年）对他的画室与教学方法曾给予过有价值的评述。大卫非常幸运（并精于）在卢浮宫得到了几间画室作为个人作画与教学的场所。他的教室包括一间由独扇窗户照明的大房间，以及与之通过木楼梯连通的其他几个房间。楼梯下方的空间属于最年轻、最缺乏经验的学生，他们在那里
219 临摹古代雕塑的石膏复制品。壁间有一个铸铁的炉子，而房间最主要的特点是有一个高起的平台，那是写生模特为学生画素描摆造型的地方。当然，教室里还有学生摆放他们画架的地方。距离地板不高的地方有一些架子，存放暂时不用的画布与颜料。1804年让-亨利·克莱斯的一张素描（见图1），完美地再现了画室里忙碌的气氛：戴着帽子的大卫站在后方，正纠正着一个学生的写生素描。40多个学生来自不同的背景，有贵族，有革命家庭，每人每月向大卫交纳12法郎的学费，以及额外3法郎的模特费。不过，特别穷困的学生可以免去学费。在《萨宾妇女》获得经济上的成功之前，大卫的经济状况和他的学生一样困窘。为了节省开支，身材较好的学生要免费做模特，老师也和他的学生一起上写生课。大卫鼓励他的学生们发展自己的方向，敦促他们向自然学习，遵循自己的直觉，模仿任何他们崇拜的过去的艺术家。他不会将自己的艺术风格强加给学生，更不希望他们模仿他的成功作品，尽管依然有学生不听劝告。他几乎没有时间想起自己的竞争对手和历史画家同行樊尚与勒尼奥，他非常看不起他们的教学能力。大卫会定期给他的学生批评与指导，尽管他发音不清的言语有时让人难以理解。他的艺术见解既不高度理论化，也不过度智识化，他将自己限定在普遍观察内，声称艺术家必须永远带着情感作画，只有这样的作品才能“深深打动观者的灵魂”。

此外，他还希望学生能受到全面的教育，养成有条理的习惯，保持外表
整洁，他说“艺术家应该是一个有秩序的人”。画室里当然也有社交的
一面，有时学生们能去大卫自己的公寓里面谈，有的学生则会邀请他参
加他们在乡村酒馆的聚餐。志同道合的感情存在于大卫和他的学生之
间，他对自己的教学责任感深感满意，尽管有时他也会为学生将成为他 220
的潜在竞争对手而心生嫉妒。

《萨宾妇女》展览时，大卫的名誉已完全恢复。他证明了他自我保全与绝处求生的能力，重新获得了大众的认可，还以一幅描绘古代题材的伟大作品撩动了当代观众的心弦。他再一次跻身权势集团，虽然老的竞争对手还没有被完全遗忘，有些摩擦仍在继续。他继续在为他的史诗性历史绘画项目做着准备，但这些计划最终没有得到机会实施，因为一个极具野心、大胆和领袖气质的年轻科西嘉将军拿破仑·波拿巴即将登场。

第五章 拿破仑时代的全景画

皇帝的御用画家

出狱那天，大卫曾经非常肯定地宣布：“我以后再也不会依附于任 223
何人，只遵从原则。”刚出狱的那段日子，大卫的确遵守了誓言。然而，就像所有的法国人一样，大卫完全被拿破仑·波拿巴折服，出身行伍的拿破仑一跃由中尉变为革命军队的将军，靠政变成为法国第一任执政官，并于1804年称帝。

拿破仑于1769年生于科西嘉岛，9岁起就读于法国军事学院，1785年从精英频出的军事学校毕业。他加入瓦朗斯的炮兵团，大革命爆发时，他在大体上给予了支持，尽管民众起义的暴力与混乱令他忧虑。大革命期间，由于不少军官加入了保王党，军队缺乏训练有素的领导人，拿破仑便充分利用了这个可以迅速晋升的良机。1793年，拿破仑在解救被英军围困的法国在地中海地区重要海军基地土伦的战役中脱颖而出。他出色地执行计划，将敌人赶出港口，年仅24岁便成了准将。拿破仑对雅各宾派的同情也意味着他会获得这个革命政府的青睐，但随着罗伯斯庇尔倒台，他和大卫一样险些命送断头台。幸运的是，他当时远离巴黎，而负责调查他的案子的是他的好友、科西嘉伙伴让-克里斯托夫·萨利切蒂，他的朋友称没有找到任何可以指控他的证据。所以，拿破仑仅在昂蒂布的要塞被监禁了两周。1795年8月，他已是政府的首席
军事顾问，10月5日，他以大炮轰击暴民，平息了民众保王派的起义。 224
这次他称之为“一股葡萄弹的气味”的军事行动，事实上杀死了上百人。紧接着他被擢升为少将，负责指挥内政部的军队。1796年，他和生于法属马提尼克岛的32岁的漂亮寡妇约瑟芬·德·博阿尔内结婚，她的前夫在恐怖统治时期死于断头台。在新生的执政府统治时期，拿破仑被任命为指挥意大利军的上将，并在婚礼的两天后起程入侵这个半岛。在1796年至1797年的意大利之战中，拿破仑在洛迪、卡斯蒂里恩、阿尔科拉与里沃利等地取得了一系列胜利，最终签订了大获全胜的《坎坡福尔米奥条约》，由此法国与欧洲大陆各国停战和解，法国吞并比利时，
法国在意大利建立的几个共和国也得到奥地利的承认。这些胜利，再加 225
上拿破仑极具天赋的自我宣传，当他于1797年12月凯旋巴黎时，他已然被誉为民族英雄。

大卫可能在1797年春夏与拿破仑有过接触，据说当时这位将军邀

图140
书房中的拿破仑
1812年
布上油彩
204cm × 125cm
美国国家美术馆，华盛顿哥伦比亚特区

请过画家加入他的意大利远征，描绘他的战斗。大卫谢绝了这个邀请，最终由他的学生安托万-让·格罗随行，因为格罗当时已经参与了这次远征，负责挑选意大利艺术珍品并运回法国。格罗创作的肖像画（图141）捕捉住了战场上的拿破仑的神韵。1797 年 12 月 10 日，在一次致敬获胜将军的政府欢迎会上，大卫第一次见到拿破仑。拿破仑非常
226 想结识这位伟大的画家，于是安排大卫与格罗参加执政府秘书约瑟夫-让·拉加德举办的晚宴。他非常急切地想和画家交谈，据说他调换了座位卡，以便和艺术家坐在一起。晚宴期间，大卫请求为拿破仑画肖像，拿破仑欣然允准。拿破仑到大卫在卢浮宫的画室画像，他告诉大卫他只来这一次，只给画家三个小时。其间，他坐立不安，表现得非常不耐烦，急于离开。这一次做模特，大卫仅仅勉强画完了拿破仑的头部与衣

图 141
波拿巴将军在阿尔科拉
安托万-让·格罗
1796 年
布上油彩
73cm × 59cm
卢浮宫博物馆，巴黎

领（图 142），但他也捕捉到了这位国家英雄的自信与活力。三小时的直
接接触，拿破仑便赢得大卫的支持与喜爱，画家立即回报以画《马拉之
死》时那种近乎狂热的激情。他非常兴奋地告诉他的学生：“哦，我的
朋友们，他的头部长得多么精致优美！他单纯，他伟大，他像古代的艺
术品一样美丽。这个人如果是在古代，所有的祭坛都将放着他的肖像。
是的，朋友们……波拿巴是我的英雄！”预计完成的肖像画尺幅巨大，
宽 2.3 米、长 2.9 米。大卫想要表现洛迪与卡斯蒂里恩战役之后，得胜 227
的拿破仑站在由马夫牵着的战马旁（图 143），但这幅画最终没有完成。
拿破仑再没有来大卫的画室做模特，1798 年 5 月 19 日，拿破仑作为东
方军团的总指挥从土伦出征埃及，赶走了那里的英国人。大卫再一次
被邀作为随军画家，而他以身体不适再一次推辞。当时他已年近 50 岁，

图 142
波拿巴将军肖像
（未完成）
1797 年
布上油彩
81cm × 65cm
卢浮宫博物馆，巴黎

图 143
波拿巴将军肖像习作
1797 年
黑色蜡笔
23.5cm × 19cm
私人收藏

身体状况确实不适合战争的恶劣环境以及中东的极端气候。但是大卫的确说过，如果出征英格兰，他将愿意参加侵略军并为之“战斗”，但拿破仑认为当前打击敌人最好的方式是夺取埃及。大卫虽然没有随行，但拿破仑的军团里作家、科学家与艺术家合计有 150 位，他们的工作是研究与记录埃及丰富的考古遗产，他们的工作创造了“埃及学”学科。他们当中的雕版画家多米尼克·维旺·德农（1747—1825 年），后来成为波旁王朝的外交官，在大革命期间，大卫曾把他从断头台上解救出来。埃及远征之后，德农出版了两卷本插图巨著《埃及之旅》（*Voyages dans la Haute et Basse Egypte*，1802 年）。该书出版同年，拿破仑任命德农为博物馆的总馆长，他充满干劲，着手重组卢浮宫，把劫掠来的艺术品归入收藏。

拿破仑的中东战役只获得了部分成功。虽然金字塔之战和阿布基尔战役取得了胜利，但占领埃及是一个战略性的死胡同，事实证明它并不能成为法国打击印度的垫脚石，印度才是英国财富聚宝盆。当地的居民仍然充满敌意，1798 年 10 月开罗爆发了起义，拿破仑无情而残暴地镇压了暴乱者，并下令“割断所有持有武器的犯人的喉咙。将他们带到尼罗河岸……把他们的无头尸首扔进尼罗河。”1799 年 8 月拿破仑得到消息，法国军队遭受了一连串的溃败，失掉了意大利。一场新的政治危机近在眼前，不等军令到达，拿破仑便离开他的军队回到法国。

在许多拿破仑的同胞看来，拿破仑是建立强大政府并从极端主义与境外反对势力手中挽救共和国的唯一希望。拿破仑很快采取政治行动，在军队的支持下，他策划了雾月十八日至十九日的政变（1799 年 11 月 9 日至 10 日），推翻了督政府及其两院。根据新宪法，拿破仑成为第一执政官，年仅 30 岁的他获得众多的民众支持，所有实权都掌握在他一人手中。虽然许诺了和平，拿破仑却执意出征意大利与奥地利，并于 1800 年 4 月至 5 月率一支新成立的军队越过圣伯纳山口。在 1800 年 6 月 14 日的马伦哥战役中取得了艰苦的胜利，但为了在 1801 年 2 月《吕内维尔合约》签订前取得谈判桌上的优势，在意大利与德国取得进一步的胜利也是必要的。一年之后，1802 年 3 月《亚眠合约》的签订结束了法国与英格兰间的敌对与冲突。这些条约为拿破仑在法国赢得了巨大声望，所有的反对派都沉默了，他有实力宣布自己成为终身执政官并进一步扩大权力。实际上，拿破仑已经成为独裁者，民主共和国的所有理念不过是粉饰外衣而已。

在 1797 年获胜的意大利战争期间，拿破仑劫掠了大量的艺术品作为战利品，一如当年古代的罗马将军劫夺雅典一样。在拿破仑远征埃及期间，这些来自意大利的艺术珍宝被运回巴黎，并于热月九日（1798 年 7 月 27 日）在盛大的庆典中游行穿越首都。80 辆满载战利品的车上包括了大量的绘画、雕塑、珍贵的书籍与手抄本，其中著名的作品有拉斐尔的《主显圣容》（*Transfiguration*，1517—1520 年）与《椅中圣母》（*Madonna della Sedia*，约 1518 年）、著名的古代雕塑《观景楼的阿波罗》（见图 115）与《拉奥孔》（见图 28）等。大卫似乎是少数几个对这场胜利游行与这些珍宝在卢浮宫的前景缺乏热情的见证者之一。他观察道： 229
“法国人对这些艺术的喜爱并不是天然的，他们对艺术的趣味是做作的。你可以肯定，虽然我们在这些天里看到了如此巨大的热情，但是这些来自意大利的杰作将很快被当作珍奇玩意……观看这些伟大的作品可能会产生像温克尔曼那样的学者，但绝不会产生艺术家，绝不会！”大卫的悲观主义似乎并不准确，他低估了当时（以及未来）的人对艺术的热情，以及卢浮宫的收藏对未来几代艺术家的巨大影响。

拿破仑从埃及回到巴黎后去找过大卫，当时《萨宾妇女》的创作正处于收尾阶段。在仔细看过这张画后，波拿巴评论道：“我从未见过我们的士兵像你画中的人物那样战斗……我们是这样作战的。”说着，便立即模拟士兵持刺刀冲锋的样子。大卫回答说，他画的是古代的战士，他没画过现代的法国士兵们，只是见过而已，拿破仑回应道：“相信我，亲爱的大卫，做一些修改，全世界都会认同我的观点。”大卫对拿破仑的回应表明他对这样的评论很沮丧，在和学生抱怨此事时，大卫又安慰自己说，“这些将军对绘画一无所知”。

拿破仑的艺术品味及其对艺术的理解的确非常有限。他的内政部长让-安托万·沙普塔尔在后来写道：“拿破仑并不关心艺术，可能是因为他天生不具备欣赏艺术价值的敏感性……然而他总是显得对艺术很感兴趣……他这么做只是出于政治目的，以表明他的开明广博……他委托订购艺术，但行事的方式很冷淡，因为他缺乏自己的判断，缺乏欣赏任何艺术家的能力。他倾向于相信他信任的人是最好的。”最重要的是，拿破仑喜欢自己做主角的绘画。他的弟弟卢西恩就曾告诉大卫：“你必须理解，我亲爱的大卫，我的兄长拿破仑感兴趣的只有那些让他自己显
230 得重要的图画。这是他的弱点，他完全不排斥成为众人瞩目的焦点。”但是，拿破仑也清楚地知道视觉艺术是有价值的宣传工具，准备对其加大投入。执政府与帝国为艺术家带来了繁荣时期，委托项目不仅来自政府与随后出现的皇室，一些描绘拿破仑的投机绘画也大量出现，以期获得注意并被买走。

雾月政变之后，拿破仑在国会给大卫提供了一个席位，但被大卫婉拒。大卫解释说他只想投身于绘画，他工作的画室就是他的社会位置，并且补充说：“而且，职位易逝，但我希望我的作品能够永存。”但这种推辞并不意味着大卫不想在拿破仑的权力场占有一席之地。事实上，他的野心与从前一样大，也许甚至更大，因为他已成为拿破仑及其弟弟卢西恩的艺术顾问，后者从政变之后至 1800 年 11 月一直是内政部长。大卫提议改善并重新装饰巴黎，翻新现有建筑，为共和国牺牲的英雄们修建纪念碑与纪念堂。他还组建了咨询团队，尽管这些建议并没有多少得以落实。除此之外，凭借他与拿破仑的关系，大卫认

为这是他主导艺术界的最佳机会。入狱的耻辱与不幸已被他抛在身后，在妻子的敦促下，大卫积极寻求能全面掌管美术活动的任命。他提议全面重组艺术管理机构，建议成立一个“管理国家历史名胜、制造业和各艺术门类”的委员会，这个机构还应负责监管艺术教育、以设计为主导的产业（主要是纺织业）、官方的艺术委托和公共建筑。大卫显然认为能胜任要求如此苛刻职位的人只有他，确信这个职位非他莫属。与此同时，不少人也认为大卫必定会成为执政府的艺术总管，因此在 231
1800 年 1 月 27 日，25 位知名艺术家给他送去了一封充满善意的信，请求他未来给予他们支持和保护。但是大卫错误地估计了形势，他没有被任命为美术部长，却在 2 月 7 日被任命为“政府画家”。这样一个职权有限的低微职位大大低于大卫的期望，让他颜面尽失。因此，他拒绝接受任命，并且在 2 月 17 日的《巴黎报》上发表了他的拒绝信，一是为了挽回自己的颜面，二是为了转移人们对他的利己主义的指控。大卫感谢了卢西恩·波拿巴的提名，并请求他“接受我的拒绝，因为这个职位只对我自己有利，不会有利于艺术与艺术家，而后者是我唯一关心的问题”。然而这次挫败只是暂时抑制了大卫的野心，四年后当拿破仑成为皇帝，大卫又会变得雄心勃勃。

大卫第一幅与第一执政官相关的作品，并非来自拿破仑本人的委托，而是由西班牙国王卡洛斯四世委托的拿破仑肖像。西班牙国王对这位年轻指挥官的辉煌战绩与崛起印象深刻。拿破仑刚刚从第二次意大利战争回来，大卫便请他去画像，但拿破仑拒绝了大卫的邀请，说一幅画最重要的特点是性格，而不是外貌的相似性。他补充道，亚历山大大帝肯定不会给古希腊艺术家阿佩莱斯做模特。波拿巴还坚持道：“没有人知道伟人的肖像画是否和其本人相似，只要知道天才存在过就足够了。”大卫被迫同意，并因此不得不找人来做衣冠模特，他的一个儿子或他的学生弗朗索瓦·热拉尔（1770—1837 年）就曾做过模特，他们身着拿破仑在马伦哥作战时的制服，穿着马靴，戴上外套的配饰，头戴双角帽，腰间佩一柄华丽的马穆鲁克剑。把著名将军的制服带到画室来不可避免地会带来一些玩闹嬉戏：大卫惊奇又有趣地发现拿破仑的头比自己的大很多，当他戴上拿破仑的帽子时，帽子盖过

图 144

波拿巴翻越圣伯纳山口

1800 年

布上油彩

260cm × 221cm

梅尔梅森国家博物馆

了他的眼睛。

关于这幅画，大卫最初的构想是描绘在战斗中拿着剑的拿破仑。但 233

拿破仑回应说，那样的战斗方式已经过时，他希望能表现他“冷静地骑着一匹烈马”。大卫遵从了他的要求，选择了“拿破仑翻越圣伯纳山口”这一主题（图 144）。有着悠久历史的骑马像被借用来颂扬得胜的第一执政官，马下面的岩石上刻着拿破仑和两位曾翻越阿尔卑斯山的征服者汉尼拔与查理曼大帝（用其拉丁语拼法）的名字。但是像许多描绘伟人的图像一样，这幅画与事实关联甚少。拿破仑并非是骑着“暴烈”的战马率领大军翻越阿尔卑斯山的——他实际上是在经过了主要的行进后，
骑着骡子穿越窄道，经过几天时间才翻越了山口，一如 1848 年保罗 · 德 234

拉罗什（1797—1856 年）的绘画表现的那样（图 145），全无英雄气概可言。这也是大卫第一次描绘活生生的当代英雄——过去的主题或是来自古代历史，或是大革命中的殉道者（如马拉）——但由于拿破仑拒

图 145
波拿巴翻越圣伯纳山口
保罗 · 德拉罗什
1848 年
布上油彩
289cm × 222cm
卢浮宫博物馆，巴黎

绝做模特，作品中的人像最终显得疏远与冷漠，缺乏早前那幅未完成的近距离接触创作的肖像画具有的亲近感与活力（见图 142）。不过拿破仑倒是非常喜爱这幅肖像，甚至自己订制了一幅复制品，由大卫亲自完成，此外又在学生的帮助下完成了另外两个版本。卡洛斯四世委托的肖像和拿破仑订购的第一幅复制品于 1801 年完成，随后加入了《萨宾妇女》的展出，让公众有机会一睹它们的风采。相比原作，大卫对复制品的收费稍低，但大卫夫人非常积极并坚持由拿破仑的大臣们出资。自从大卫复婚后，大卫夫人在大卫的生意事中的角色愈发强势，非常热衷于将丈夫的名气与天赋转化为财富。

拿破仑掌权后转向专制集权颇令大卫失望，但大卫究竟怎么看待他的独裁之路则不得而知。在得知发生政变后，大卫说：“我始终知道我们的道德水平还不足以让我们成为共和国”，并引用罗马诗人卢坎的长诗《法沙利亚》[1]中恺撒与庞培论内战的片段：“胜利者的事业，成则因有神助，败则皆怪加图。”接着，他吸了一口烟，将自己比作以公正著称的小加图，历史上的小加图毫不妥协地反对称帝的恺撒，最终自杀为政治殉道。自由、思想独立和废除特权，这些备受珍视的理想，在拿破仑废除共和国后早已被扫地出门，他以暴力镇压所有形式的反抗，将法国变成一个警察国家。大卫的得意门生、过去的雅各宾派政治活动家弗朗索瓦·让-巴蒂斯特·托皮诺-勒布伦（1764—1801 年），于 1801 年 1 月 30 日被送上了断头台，罪状是他与 1800 年 12 月 24 日
235 刺杀拿破仑未遂的行动有关联，而事实上没有证据表明他与此事有何瓜葛，而事后也查明刺杀为保王党所为。大卫在为学生作证时多少有些不冷不热，但是作为知名的政治鼓动家，托皮诺-勒布伦的命运在他被捕时就已经被锁定。如果大卫对拿破仑的政权有何不满或批评，他恐怕也只能放在心里或者仅限于他画室内部议论，对外他总是表示绝对支持拿破仑。

完成《萨宾妇女》之后，大卫立即着手准备它的姊妹篇《列奥尼达在温泉关》。但他为拿破仑工作也意味着这件作品恐怕要花费 10 年以上的时间才能完成。从画《萨宾妇女》到 1804 年拿破仑称帝之间，大卫还是抽空画了肖像画，在高通货膨胀与金融危机的执政府时代，这是非

1 即《内战记》（*Pharsalia*）。——编注

常可观的收入来源。早在1800年，当时22岁的社交名媛茱丽叶·雷卡米埃便邀请大卫为她画肖像。茱丽叶的父亲是里昂的银行家，1793年她16岁时，嫁给了43岁的银行家，亦是他父亲的生意伙伴。不幸的是，她为画作摆造型的过程并不顺利，绘画虽然进行到了最后阶段，但最终没有完成（图146）。整个过程进展缓慢，起初是因为大卫发现给雷卡米埃夫人画像的房间光线太暗，要求换一个更适合的环境。但更换画室后，这位任性且被宠坏的顾主在画像时总是迟到，这对大卫的耐心是一个严峻的考验。大卫将肖像的背景设置在一个冰冷而毫无装饰的室内，人物斜躺在一张躺椅上，旁边放着一个古典式样的台灯——这部分由他新收的学生让-奥古斯特-多米尼克·安格尔（1780—1867年）完成。大卫将她画成一个疏离、脆弱又容易受伤害的青年女性，这与雷卡米埃夫人自信与成熟的社交名媛的真实形象完全不相符，所以她又转向大卫的学生热拉尔寻求满足（图147）。大卫最终只能说：“夫人，女士们总是善变，不过画家也是一样。请允许我满足我的愿望，您的肖像将维持
现状。”虽然有人试图调和他们的关系，但和解最终没有达成。大卫决 238
定放弃，这个决定必定经过了非常慎重的思考，绝不会仅因偶然的冲突或者一次争吵，这是大卫自《拉瓦锡夫妇像》之后最重要的肖像画，本可能带来巨大的财富与名声。但至少，经济上的损失很快从下一幅肖像画中得到了补偿，这就是1802年的《库珀·彭罗斯肖像》（*Portrait of Cooper Penrose*，图148）。彭罗斯是爱尔兰教友会的老绅士，到巴黎游览。大卫对这幅肖像画的收费极高（5000法郎），而且和此前的《布劳肖像》与《迈耶肖像》一样，大卫要求以黄金付款，这是躲避通货膨胀的避风港。大卫总是对外国顾客收取高昂的价格，而他对这种商业方式并没有任何的疑虑。为了说服顾客这样的巨额开支是合理必要的，大卫不乏安抚地宣称：“请彭罗斯先生放心，我将让这幅画体现出我们双方的价值。这幅画将是一座丰碑，将向爱尔兰展示一位来自良好家庭的男人的美德以及为之作画的画家的才华。”花费如此巨大，彭罗斯收到一张画风冷静的肖像，全画透露着教友会的冷静节制，甚至有一些幽暗乏味。

大卫想要成为美术部长的努力虽遭挫败，但他还是从拿破仑那里

图 146

茱丽叶·雷卡米埃夫人肖像

1800 年

布上油彩

174cm × 224cm

卢浮宫博物馆，巴黎

图 147

茱丽叶 · 雷卡米埃夫人肖像

弗朗索瓦 · 热拉尔

1805 年

布上油彩

225cm × 148cm

卡纳瓦雷博物馆，巴黎

叹：“我大费周章请他远道而来可不是让他什么都不做。”因而，在最终的画面里，拿破仑双手举起将给约瑟芬戴上的皇冠，剑则佩戴在拿破仑披风的左侧开襟里（见图 158）。戴着主教法冠的教皇坐在他身后给他祝福，拿破仑送给他的夺目的教皇三重冠放在他身后的祭坛上。可以肯定，拿破仑是给出这些变化的指导者，尽管他没有步步紧跟整个作画过程，1807 年的大部分时间他也不在巴黎。

要掌控数量如此之多的画中人物与控制如此巨大的场面，大卫采用了文艺复兴画家用过的规划与组织方式来处理《加冕礼》。除了巴黎圣母院的素描、一些群体与个人的习作（图 156）和服饰与皇权象征物的细节之外，大卫还制作了一些人物的全身动作草图。其中的两件被保存了下来，这也是大卫职业生涯中采用这种方法的唯一例子。这些草图显示大卫对画中拿破仑的动作有些犹豫不决，也反映了大卫无所不用其极的工作态度。拿破仑加冕约瑟芬的草图（图 157）上被打上了方格线，
251 以便用金属尖笔将人物轮廓印摹转写到最终的画布上。大卫很可能还制作了其他人物的动作草图，以确定他们在最终画面上的位置。大多数草图之所以没有保存下来主要是因为它们的尺寸过大，目的单一，适用性低。大卫的草图可能主要被用在画群像与个别人物上，尤其是太忙不能前来画室做模特的拿破仑。

在大卫对这个事件的再创造中，观众获得了近距离观看的特权，他们几乎变成画面空间中的一部分。大卫非常巧妙地调配着大量在场人物之间的关系，基于清晰原则也出于外交策略的考虑，他对建筑空间与人物之间的位置做了灵活的修改。教堂空间被浓缩，楼座的一层旁听席被略去。拿破仑的母亲玛丽·莱蒂齐亚·波拿巴（人称梅雷夫人）实际上并没有出席典礼，但在画里她是正包厢里的主要人物（图 155），正好位于约瑟芬头顶上方。玛丽和儿子关系并不那么融洽，加之不喜欢约瑟芬，所以加冕礼时决定留在罗马的家里。站在教皇旁边的枢机卡普拉拉也因病缺席典礼。《加冕礼》就像一个展示新王朝的壮观肖像画廊，画中有近 70 人的相貌可以辨识。

252 大卫保持了对细节的一贯关注，邀请达官贵人们到他的画室来摆造型画像，这样他们的头像可以直接被画在画布上，他还邀请他们将典礼

图 153

拿破仑举起约瑟芬的皇冠

1805 年

黑色蜡笔

29.3cm × 25.3cm

卢浮宫博物馆，巴黎

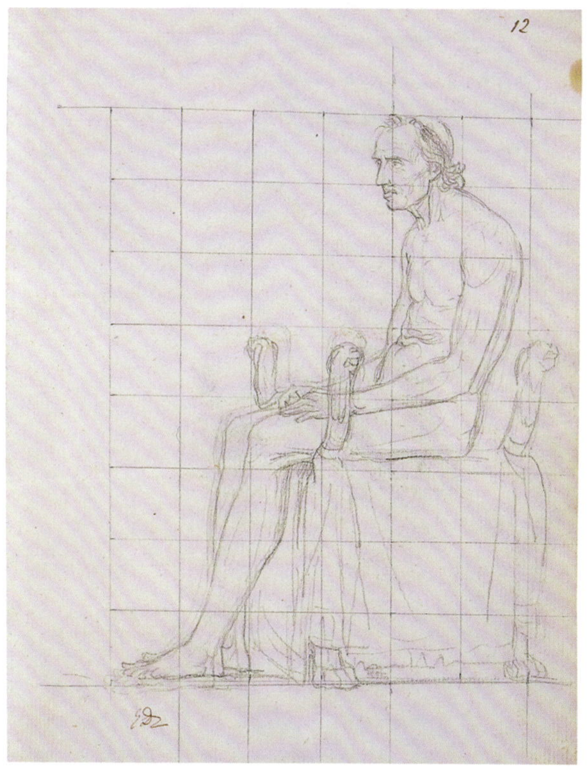

图 154

教皇庇护七世的裸体习作

1805 年

黑色蜡笔叠加石墨

23.7cm × 17.9cm

哈佛大学福格艺术博物馆，

剑桥，马萨诸塞州

当天所穿戴过的服装与配饰送到克吕尼的画室做样本。拿破仑的两个弟弟约瑟夫与路易出现在画面的左边，1806 年他们被拿破仑封王，约瑟夫成为那不勒斯国王，路易成为荷兰国王。紧挨着他们俩的是拿破仑的姐妹卡洛琳·缪拉、波利娜·博尔盖塞和埃利莎·巴基奥基，路易的妻子奥尔唐斯及她手里牵着的小王子查理、约瑟夫的妻子朱莉（图 159）。拿破仑母亲上方的廊座中，我们能找到时任参议员的年迈的维安，还有拿着速写本与炭笔的大卫（参见图 155）及其家人。约瑟芬的礼服有着极长极重的拖尾，由华服女总管埃米莉-路易斯·德·拉·瓦莱特与主女侍官恰斯图欣·德·拉·罗什富科夫人协助托起。记载说德·拉·罗什富科夫人个头矮小，身材畸形，但在画里她显得极为优雅，身形匀称。
大卫也让画里的约瑟芬重新焕发活力，41 岁的她已经开始显出年纪，但 255
在画里的她散发着年轻时代的光芒。拿破仑的侧影有着高贵且严肃静穆的特质，看起来很像古代希腊罗马钱币和勋章上的头像。画面最右边站成半圆形的一群男性廷臣，包括拿破仑过去的两位执政官同僚，现在的财务主管夏尔·弗朗索瓦·勒布伦（背对观者）与大臣让·雅克·雷吉斯·德·康巴塞雷斯，他们俩手里捧着仪式需要的皇室宝器——权杖与正义之手。他们的旁边是“大猎师”路易·亚历山大·贝尔捷元帅，他手里捧着放在天鹅绒垫子上的宝珠，他旁边则是皇家总管夏尔·莫里斯·德·塔列朗（图 160）。

图 155
加冕典礼
（图 152 局部）

图 156
屈膝的约瑟芬皇后与德·拉·罗什富科夫人、德·拉·瓦莱特夫人
1806 年
黑色蜡笔，石墨
27.4cm × 39.1cm
卢浮宫博物馆，巴黎

图 157
加冕典礼草图

1806 年
红黑蜡笔
美术博物馆，里尔

图 158（对页）
加冕典礼
（图 152 局部）

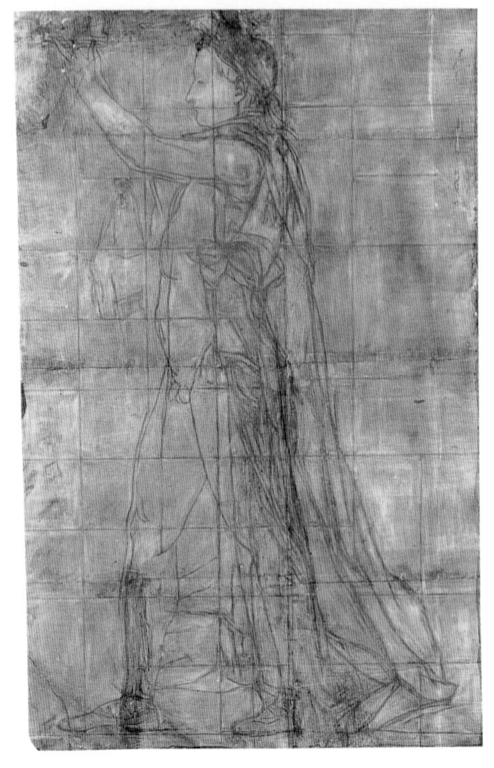

与此相对，查理曼的皇室宝器被驱赶到画面的左侧。摆在约瑟夫与路易·波拿巴之间的皇冠几乎被淹没在周围的细节之中。波拿巴兄弟的上方与后面，握着剑的是勒菲弗尔元帅，拿着权杖的是佩里尼翁元帅。如前所述，查理曼的皇室宝器在仪式过程中只扮演着边缘的角色。大卫开始画这一场景时，政治意识形态发生的变化让它们变得更加无关紧要。从 1806 年开始，拿破仑与查理曼大帝之间的关联开始遭到刻意压制，因为公众舆论日渐批评拿破仑的领土扩张野心及随之而来的战争，而这种野心仿佛正是查理曼大帝式的野心在当代的投射。称帝还意味着否定法国大革命的理想，因此拿破仑放弃了查理曼形象，转而支持恢复古罗马的意象，因为后者更有利于显现出与革命的相关性。1806 年安格尔的《皇位上的拿破仑》（*Napoleon on the Imperial Throne*）之所以遭到谴责，就是因为艺术家没有预见政治气候的变化，错误地强调了拿破仑与加洛林王朝的关联。

《加冕礼》无疑盛大而威严，但大卫也在其中加入了一些家庭庆祝

活动的细节。拿破仑忠于自己的科西嘉教养，他决定在这最荣耀的时刻，自己要被他的家族成员包围着。在仪式上，他对弟弟约瑟夫低声耳
语道：“但愿我们的父亲能看到我们。”但即便是这样一个严肃与庄重 257
的时刻，大卫还是加入了一点轻松的元素：最右边的两个唱诗班男童完全没有在意典礼，反而对拿破仑的继子欧仁亲王佩戴的宝剑产生了兴趣（图 160）。

要让画中如此之多的重要人物对他们在画面上位置与姿态满意，这对大卫来说是一项极艰巨的任务。有人挑出画中在描绘仪轨与优先性上有不少的小错误，部分朝臣的虚荣心也极大地挑战着大卫的耐心。土耳其大使穆罕默德-赛义德·阿莱·埃芬迪是穆斯林，他虽然参加了典礼，但是拒绝自己被画在教堂之中，因为这有违《古兰经》，大卫做了大量的工作才说服他同意入画。枢机卡普拉拉在典礼当天因病未能出席，却要求画中的自己戴着他的礼仪假发，大卫直接回绝了。真正让大卫头痛的是现已贵为荷兰国王的路易·波拿巴，他不满意画家将他和弟弟约瑟夫改在了画面左边。大卫之所以这样安排是为了画面清晰，防止人物挤作一团，而在实际的典礼中，他们是仪式的主要参加者，的确站在祭坛另一侧。为此，路易还给大卫写了信，大卫回复说如果国王坚持，自然会做一些改变。不过，他又补充道：“诚如您所知，画中的一切都经过了仔细的计划，任何人物的变化都可能导致不可计数的调整，最终可能打乱部分构图，甚至破坏整件作品。”大卫巧妙地让路易理解了他的难处，这样他和他的弟弟才在画中没有被重新安排在拿破仑的附近。不过，大卫的确做了一个小调整，兄弟二人分开站立，约瑟夫的侧面像便不会再挡住路易，为此，大卫重新设计与重画了二人。

为了记录加冕仪式的壮丽与辉煌，大卫采用了不同于《萨宾妇女》
那种纯净的、具有雕塑感的风格，这一次大卫的灵感来自同样画过盛大 258
国事场面的朝臣画家彼得·保罗·鲁本斯，尤其是参考了他画的《玛丽·美第奇的加冕礼》（*The Coronation of Marie de' Medici*，图 161）。这幅画是完成于 1622 年至 1625 年的“美第奇组画”之一，这组组画凭借 21 幅作品将亨利四世的遗孀玛丽的平淡人生表现得盛大辉煌、充满戏剧性。此外，大卫还参考了一些古代大师的作品，例如伟大的威尼斯画家

图 159
加冕典礼
（图 152 局部）

图 160
加冕典礼
（图 152 局部）

委罗内塞，他能将简朴的《圣经》故事描绘成一出大规模的盛宴与庆典（见图 150）。很显然，《加冕礼》一画中聚集了数量如此庞大的人物肖像，画面集中于表现色彩与表现奢华材质的丰富性，已然完全跳脱了过去的新古典主义，大卫进一步证明他有改变与发展艺术风格的能力。如果把这幅画放在新出现的所谓帝国风格（Empire style）的框架下考虑，也没有谁的作品能如此完美地捕捉拿破仑宫廷生活中的闪耀与奢华。

图 161
玛丽·美第奇的加冕典礼
彼得·保罗·鲁本斯
1622—1625 年
布上油彩
394cm × 727cm
卢浮宫博物馆，巴黎

1808 年 1 月 4 日，拿破仑在大卫的画室第一次看到《加冕礼》，他花了整整一个小时仔细欣赏（图 162）。然后他说："这不是一幅绘画，而是一个可以让人走到里面去的画像世界。处处都很生动……好，非常好，大卫，你理解了我的想法，你使我成为一位法国骑士。我感谢你为后世留下了我把爱给予那个为我分担政务的女性的证据。"接着，皇帝摘下他的帽子，说道："大卫，我赞美你。"对于赞美，首席画家回答说："陛下，我代表所有的艺术家接受您的赞美，我很高兴您选择我来承作这幅画。"但皇帝也提出了一些微小的改动意见，例如加上教皇的祈神祝福这一细节。约瑟芬对这幅画也特别着迷，主要是因为画中的她 259

图 165
教皇庇护七世肖像
1805 年
木板油彩
86cm × 71cm
卢浮宫博物馆，巴黎

不希望这幅画被送到任何城镇，尤其是送到意大利，它会给我们的学校造成极坏的印象。”因为这幅画，大卫也失去了拿破仑最喜爱的肖像画家的地位，许多的工作都落到热拉尔和罗伯特 · 勒菲弗尔（1755—1830 年）的画室。大卫试图以伤害对手画家让-巴蒂斯特 · 勒尼奥的代价来掩盖画作被拒的耻辱。勒尼奥当时也有一幅作品被拿破仑拒绝，大卫便打趣说：“好吧，看来皇帝对我们的画像都不满意。不过原因可能不大相同，我被拒是因为我那张画并不是我画的，但传闻说，你被拒正是因为你那张画是你画的。”

在大卫享受着宫廷特权的同时，他的子女也享受着拿破仑所带来的影响。大儿子夏尔-路易-朱尔是一位希腊语学者，在帝国时期，成了政府官员；次子欧仁在短暂地随父学画之后，便入伍从军成了一名军
262 官。欧仁参加了奥斯特里茨战役，那里发生的大屠杀震动了他，1813 年莱比锡战役过后有消息传到巴黎说他已在战场上被杀。然而，他们那支

图 166
黄袍加身的拿破仑（草图）
1805 年
木板油彩
58cm × 49cm
美术博物馆，里尔

部队虽然被留下等死，但他仍历经千辛万苦穿越敌人前线逃回家中。起初，他的父母亲都没能认出面前这个衣衫褴褛的人，接下来是团圆的喜悦与感伤。欧仁也因为这次的英勇表现被招入荣誉军团。大卫的两个女儿都嫁给了拿破仑军队的军官。埃米丽的丈夫是第九轻步兵团的将军克劳德-马里·默尼耶，他后来受封男爵。波利娜嫁给了让-巴蒂斯特·雅尼将军，后来也加封男爵。

就在《加冕礼》即将完工时，大卫开始了他的第二幅以拿破仑为主角的巨作《分发鹰旗》（图 167），这幅画随后于 1810 年 11 月完成。事实
上，当时大卫已经开始准备三幅纪念绘画中的《抵达市政厅》（图 168）， 263
但拿破仑要求大卫推迟该项目，因为军事主题才是他的最爱，他更偏爱展示他忠诚的军队向人民宣誓效忠的画作。授鹰旗发生在加冕礼三天后，即 1804 年 12 月 5 日，仪式明显效仿自罗马帝国军团的仪式，拿破仑向法国 108 个部门的国家卫队和军团交递他们各部队的鹰旗

图 167

分发鹰旗

1810 年

布上油彩

610cm × 970cm

凡尔赛宫国家博物馆

图 168

抵达市政厅

1805 年

蘸水笔，棕色和黑色墨水，白色高光，石墨勾线

26.2cm × 40.8cm

卢浮宫博物馆，巴黎

图 169

分发鹰旗

马尔贝蒂

1807 年

根据让-巴蒂斯特 · 伊萨贝和夏尔 · 佩尔西埃画作所作的版画，出自佩尔西埃和方丹《仪式和节日的记录……》巴黎，1807 年

(图 169)。“将士们，”皇帝公开讲演道，“这是你们的旗帜！这些鹰旗
将永远是你们的集结点！它们将出现在你们的皇帝认为有必要的任何地
方，他们将出现在捍卫你们君主的皇位时，它们将出现在你们的人民
需要保护时。你们要发誓以生命保卫它们，在通往胜利的道路上以你
们的勇气高举它们。你们能宣誓吗？”军队的上校们整齐划一地向皇 267
帝举起他们各自的军旗，法国的陆军元帅们举起了他们的司令杖，一
齐高呼“我宣誓”。迷信的拿破仑非常重视旌旗，将缴获敌人的军旗视
为获得完全胜利的证据，将丢失法国的军旗视作相关部队的深深羞辱。
1806 年，第一次开始考虑这幅作品时，大卫充满了热情，他写道：“从
来没有一个誓言能被更好地保存下来。多么不同的站姿。多少种不同
的表达。没有什么绘画主题比这更精致。”但随后的情况将稀释和改变
他此时的愿景。最初的构图中，一群士兵冲向静立的矮小的皇帝，画
面右边的天空中盘旋着胜利女神的寓意形象（图 170）。实用主义的拿
破仑直言看不出画里的寓意，并让大卫将这个形象删去，对此画家决
不同意，因为如果没有胜利女神这个寓意形像，元帅与朝臣们仰望的
将是空无一物的天空。画中约瑟芬被安排坐在她丈夫的身后，但因未

图 170
《分发鹰旗》习作
1808 年
墨水笔，黑色墨水，灰色淡染，白色高光
18.1cm × 29cm
卢浮宫博物馆，巴黎

图 171
父国的胜利
米哈伊尔 · 赫梅莱科
1949 年
布上油彩
291cm × 560cm
特列季亚科夫美术馆，
莫斯科

图 172
纳粹党集会
1933 年

能为拿破仑生出继承人，两人于 1809 年离婚。1810 年 4 月 2 日，皇帝与身材发福、长相平凡的奥地利的玛丽 · 路易莎结婚。作为皇帝前妻、帝国的前皇后，约瑟芬自然不便出现在官方图像中，于是大卫直接将她从画面左边的人群中抹去。但这也使得在拿破仑一侧的画面上留下了一块空白，作为填补，欧仁 · 德 · 博阿尔内亲王的右脚延伸出来占据了原来约瑟芬的位置。这些改变影响了这幅画的视觉冲击力与意义，它从评论家那里只得到非常微弱的回应。

尽管《分发鹰旗》表现了狂热的爱国主义与奉献精神，但在视觉图像上却缺乏引人入胜之处。正如拿破仑帝国创造了激励 20 世纪独裁者的范例，大卫为皇帝创作的图画也为图绘纪念性活动提供了艺术样板。事实上，后来者只需要一点点想象力的跳跃便可以将这些艺术观念转变
268 为法西斯与极权主义艺术（图 171），我们也会想到 1933 年至 1938 年希特勒的纽伦堡党代会上的舞台宣传（图 172）。

《分发鹰旗》之后，大卫为拿破仑绘制官方作品的工作结束了。过去的六年里一直在讨价还价，其间还有与拿破仑的博物馆总馆长维旺 · 德农男爵及各类皇家内务府官员令人精疲力竭的交涉。在创作《分发鹰旗》期间，政府数次拖延付款迫使大卫接受了富有的俄国外交官兼艺术收藏家尼古拉斯 · 尤苏波夫亲王的私人委托。尤苏波夫在 1808 年至 1811 年驻巴黎，他于 1808 年 7 月订购了作品《萨福与法翁》（图 173），作品于次年 11 月完成。萨福是希腊莱斯沃斯岛的女诗人，她对崇拜阿芙洛狄忒的女青年的爱恋成了英语中的女同性恋（lesbian）一词的来源。不过，她爱上了维纳斯的门徒——美丽的青年法翁，当他只

是敷衍地回应了她的求爱时，她从柳卡狄亚崖上跳下身亡。虽然这个传 269
奇主题或神话之爱与大卫 1788 年的《帕里斯与海伦之爱》(见图 74）有些类似，但这幅画中的人物却没有完全沉浸在自己的世界中，而是看向画外的观众：法翁目光直视前方，而萨福则沉醉于爱人令人陶醉的爱抚里。事实上，她如此沉醉以至于她还以为自己仍在弹奏早已被丘比特挪开的七弦琴。她口里还在念着她献给法翁的诗句，她膝盖上的卷轴上写着他的名字与给他的诗句：“他在我眼里，与神等同。”这幅画的重点在于表现身体之爱的力量及其对个体的影响，因而大卫赋予画中的主角以肖像画般的面部特征，并将他们放在画面的外缘，非常贴近观者。为了增添非现实的神话之感，他让场景暴露在强烈的日光下，使用艳丽的色彩和明晰的轮廓线。后来大卫再次被迫寻找自己的绘画主题时，他还会再用类似的主题与艺术手法。

虽然《萨福与法翁》为他带来了可观的 12 000 法郎，但大卫主要的担忧仍然是拿破仑委托的作品尚未付款。作为朝臣，大卫笨拙且缺乏外交手腕的策略几乎不可能为他赢得什么朋友，只能让他显得贪婪、嗜钱

图 173
萨福与法翁
1809 年
布上油彩
225cm × 262cm
艾尔米塔什博物馆，圣彼得堡

如命。直到 1810 年 2 月，《加冕礼》《分发鹰旗》的费用和大卫作为皇
帝画家的薪水等劳资问题才得以解决，但他画《加冕礼》的 100 000 法
270 郎的报价仍遭到拒绝，只收到 65 000 法郎。这次他的报价有些过高，而
实际上，也正是他要价过高才导致他失去了官方委托。很多委托项目被
给予收费较低的艺术家，例如他过去的学生格罗、吉罗代与热拉尔。这
也成了 20 多年以来大卫首次面对严峻的艺术竞争，此外，他还遭到了
来自政府官员及学会的抵制。学会是 1795 年成立、取代学院的新学术
机构。1810 年，政府宣布要颁“十年最佳历史画”与“十年最佳国政
题材奖”，所有在过去十年中创作的艺术作品都有参选资格。要维系每
十年举办一次的竞争无疑表明拿破仑对自己及其继承人的统治充满了自
信，但之后的历史将证明，1810 年的竞赛是第一次也是最后一次。《加
冕礼》将获得“最佳国政题材奖”几乎是毫无悬念的——它怎么可能
271 不得奖？但是大卫真正觊觎的是历史画的奖项，让他难以置信也非常
失望的是，他的前学生吉罗代的《大洪水》(*Scene of a Deluge*，图 174)
排在他的《萨宾妇女》之前。艺术界也因此分裂为保大卫派与反大卫

图 174
大洪水
安-路易·吉罗代
1806 年
布上油彩
441cm × 341cm
卢浮宫博物馆，巴黎

派，一时间四处可见赞扬与批判这两幅作品的各种小册子与文章。这个结果也令拿破仑非常不悦，以至于之前承诺的奖金也并未兑现。无论如何，这个事件表明大卫的作品正出现过时的迹象，《萨宾妇女》中光滑的雕塑人体与造型正渐渐失去吸引力，公众开始转向吉罗代画中健实人物的美妙刺激与戏剧性布光。

在拿破仑时代的巴黎，大卫和他的夫人几乎算不上璀璨夺目或富有魅力的夫妇。英国小说家范妮·伯尼称大卫夫人（图 175）是“与优雅绝缘的女人……如果她曾有过任何美貌，它也早已弃她而去了”，但作为补偿，大卫夫人虽然有喜欢嘲讽的倾向，但却精明能干又富有观察力。因肿瘤日渐增大，大卫的相貌变得更加扭曲，苏格兰小说家沃尔 272
特·司各特爵士说画家的脸是他曾见过的最丑陋的。但是，我们应该记住，当时是更重视评论人的能力与特长而非外貌的时代，与今天类似，人们不会单单因为相貌平平或丑陋就被解雇。在被迫离开了他们在卢浮宫的寓所后，大卫夫妇搬到地狱街 13 号的大房子享受舒适的生活，他们有五个仆人，马厩里有四匹马、一辆四轮马车和两辆轻便二轮马车。

1812 年，大卫再次画了拿破仑像，但这个委托的来源却颇令人意
外。1803 年以来，英国和法国一直处于战争状态，但皇帝的名声仍然吸 273
引着苏格兰贵族亚历山大·道格拉斯（后来的汉密尔顿公爵），他慷慨地付给大卫 1000 几尼（18 650 法郎）订制一幅拿破仑的全身像（见图 140）。这幅画中的拿破仑不再是有着运动员般身材的英雄战士（他腰围增加的速度与他发量减少的速度大致成正比），而是一位政治家和立法者，画上已经燃去大半的蜡烛和指针在凌晨 4 点 13 分的时钟表明，为了人民的福祉，拿破仑通宵达旦地工作。带抽屉的书桌上放着的一卷纸上写着“法典”（Code）一词，它指的是 1804 已经实行的《民法典》，拿破仑为了宣传自己作为立法者的形象，于 1807 年将法典更名为《拿破仑法典》。画中，皇帝显然刚刚停止工作，椅子上的佩剑暗示他接下来将要穿着这身徒步掷弹兵上校制服检阅部队。大卫也许还想借这幅肖像画向英国人表达他的政治观点：他们讨厌的敌人也是一个平易近人、谦虚节制、宽宏大量和值得和平谈判的人物。虽然拿破仑没有为这幅画

图 182
1814 年 3 月 31 日，哥萨克宿营在香榭丽舍大道
亚历山大 · 伊万诺维奇 · 绍尔外特
1814 年
水彩画
56.5cm × 96.5cm
卡纳瓦雷博物馆，巴黎

奥尼达》一改往日的批评："大卫，请继续图绘法兰西。我希望这幅画的复制品能很快出现在军事学院的墙壁上，它们将提醒学员服从召唤。"一个月后，大卫参与签署了《帝国宪法补充条款》，拿破仑在条款中对自由民主制的让步，事实上否定了波旁王朝对法国统治的合法性。署名
285 也让大卫的未来不可逆转地和复辟皇帝的未来连在一起。拿破仑很快成功地阻截了几次外国同盟军的进攻，眼看就要大获全胜，却因为重组的军队人数不足、装备缺乏，于 6 月 18 日的滑铁卢战役大败，胜利的同盟军指挥官威灵顿公爵将拿破仑的溃逃形容为"你这辈子见到过的跑得最快的东西"。拿破仑第二次退位，这次他被流放至距非洲海岸 1600 公里的南大西洋岛屿圣赫勒拿岛直到去世。

大卫与拿破仑宫廷的最后往来，照例还是财务上的。在滑铁卢战役之后的第二天，他以首席画家的身份提起了金额庞大的未付款索赔，一周后如愿以偿。在波旁王朝巩固政权之后，大卫这位在巴黎投票支持过处死路易十六的反保王派，这位拿破仑的朝臣及"百日王朝"的支持者，必然是身处险境。《加冕礼》《分发鹰旗》《萨宾妇女》《列奥尼达》连同拿破仑的肖像全部被卷起后送往法国西海岸妥善保存。接着，大卫决定离开法国一段时间，并向英格兰与瑞士申请通行证。这些文件中对大卫的描述是"高 1.71 米，头发灰白，棕色的眉毛，灰色的眼睛，大鼻子，阔唇，圆下巴和高前额"。1815 年 7 月和 8 月，大卫带着随从若弗

图 183
赛尔沃兹山谷
1815 年
私人收藏

鲁瓦经法国东部的贝桑松出边境，到瑞士游览了纳沙泰尔、洛桑、日内瓦和夏蒙尼山谷。路上他画了一些风景素描（图 183），但画这些画似乎只是为了打发时间。

在巴黎，路易十八的新政府对前革命者与拿破仑的支持者采取了行动。1816 年 1 月 12 日通过的法律规定，所有《补充条款》的签署者和接受拿破仑政府工作及职务的人必须在一个月内离开法国。他们同时还将失去前皇帝赐予他们的所有财物、爵位和养老金。不过，虽然这条 286
法律涉及大卫，但因为他有极高的社会声望，警察局长德卡兹伯爵向大卫透露他很可能会获得特赦留在法国。然而，复辟的波旁王朝君主对大卫没有丝毫喜爱，大卫极富尊严地宣布他将遵守法律接受流放。如果从前的大卫算得上是一位机会主义者，1816 年的他则完全不同。他想回到罗马，但被当局禁止，因而他准备去往当时荷兰与比利时合并为新的尼德兰王国境内的布鲁塞尔。布鲁塞尔的优势在于它距离巴黎很近，只有 274 公里，那里讲法语，而且还有不少大卫从前的学生。就在大卫启程的前夜，大卫邀请他的得意门生（后来大卫的传记作家）埃蒂安-让·德勒克吕泽共进晚餐。晚餐的气氛有些悲伤，在座的只有大卫和他夫人。他亲自端上食物，又聊了一些琐碎的事，完全没有提到他被迫离开的处境、即将开始的旅程或者等待他的不可知的国外生活。大卫在巴黎的最后的日子里，他在沉默中寻找宽慰，一如过去 35 年中他笔下的古代英雄。第二天，大卫携夫人乘坐马车前往布鲁塞尔，法国最伟大的在世画家离开了他出生的城市，再也没有回来。

第六章　走向衰退期？

流亡布鲁塞尔

一位 67 岁的老翁，离乡背井被流放异国，若想重拾旧业，本不是 289
容易的事，但这不是大卫会遇到的困局。在布鲁塞尔，他以全新的热情与精力投入艺术创作，虽然有时他也会感到身体的衰弱。他于 1816 年 1 月 27 日抵达布鲁塞尔，不久之后，便在前主教宫内寻得了一间宽敞的画室，他从前的比利时学生约瑟夫-德尼·奥德维尔（1775—1830 年）与弗朗索瓦-约瑟夫·纳韦（1787—1869 年）帮助他融入了这座城市的艺术生活。娱乐生活方面，大卫依然热爱戏剧，几乎每晚都到剧院观看演出，剧院甚至为他保留了一个专座。他和夫人定期在城市的公园里散步。大卫试图充分利用当前的情境，他赞扬布鲁塞尔的公共设施便利、街道干净、政府职员热情周到、艺术环境自由，但在坦诚面对内心与自我反省时，他也不得不承认这里不是也绝不会变成巴黎。他和另外一位流亡的弑君者和公会成员贝特兰德·德·巴雷尔·德·维厄有所往来，大卫曾在《网球场之誓》中描绘过他（参见图 86）。德·巴雷尔回忆说，当他们谈论法国时：“我看到大卫的脸上掠过一阵悲伤。有的时候他不说话，我们就寻找一个僻静的座位静静地坐着。他的忧郁和魂不守舍让我痛苦，我便试着通过谈论他的艺术家名声来引起他的兴趣。我对他说：‘在布鲁塞尔，这里的艺术家有大半都是你的学生，所有的艺术家和所有的市民与文人不都热情地赞美你吗？你难道不享受热情款待我们的开明的比利时国王的细心周到和仁慈？你还想要什么？你悲伤的原因
是什么？’”大卫打破沉默说了几个字：“吾爱吾国（Amor patriae）。”苦 290
涩与愤怒也无可避免，大卫写道：“在工作中，最可恶的手段从未停止过对我的迫害与折磨。如果不是天国有某种力量在支持我，我可能已经屈服。”

布鲁塞尔是法国政治流亡者的天堂，这里有许多像大卫一样意志坚决的革命者或拿破仑的忠实追随者。大卫与他们交往寻求陪伴，他们也常请大卫画像。从 1816 年开始，大卫为拿破仑的一位指挥官画过严肃而正式的全身肖像《埃蒂安-莫里斯·热拉尔将军肖像》（*General Etienne-Maurice Gérard*，图 185）。画中的将军显得有些僵硬，几乎快要被他的军装与巨大的双角帽淹没。画中的他流露出流亡生活在一个敏于行动的人身上留下的颓废感，不过他最终还是返回法国，并成为战争部

图 184
大卫肖像
耶罗迈-马丁·朗格卢瓦
1824 年
布上油彩
88cm × 74.5cm
卢浮宫博物馆，巴黎

痛苦的分离。

大卫职业生涯的最后一批历史画，表现出人物在做重要决定前的心
理冲突，这批作品中的高峰是 1819 年的《献祭伊菲革涅亚时阿喀琉斯
的愤怒》[1]（*The Anger of Achilles at the Sacrifice of Iphigenia*，图 192）。伊
菲革涅亚是国王阿伽门农的女儿，阿伽门农作为特洛伊之战中希腊一方
304 的指挥官，为了确保战争的胜利，下令将自己的女儿作为祭品献给女神
雅典娜。就在她要被杀死之时，勇士阿喀琉斯试图将其解救，却被阿伽
门农威严的眼神吓退。大卫着力描绘出事件中四个人物个性化的表情与
反应。倔强的阿喀琉斯有着古典风格的侧面像，威严专断的阿伽门农则
是一位满脸胡须的中年男子。后景处是阿伽门农的妻子、伊菲革涅亚的
母亲克吕泰涅斯特拉王后，眼泪几乎就要从她眼里流出，她将手轻柔地
搭在女儿的肩上。伊菲革涅亚显得娇柔脆弱，穿着白裙，戴着玫瑰花
冠，她哀伤地微微低下头表示顺从。要表现阿伽门农以意志就能震慑阿
喀琉斯，大卫也许想到了弗朗兹・安东・麦斯麦的动物磁力的伪科学理
论（见第二章），此理论称某些意志坚强的人可以通过他们指尖与眼中
发出的不可见的流体控制别人。为了增加整个场景的张力，大卫将半
身人像全部挤入一个令人不适的狭窄绘画空间中，以至于阿喀琉斯的
背部肌肉因剧烈压缩而变平。大卫明显对这种新类型的绘画感到兴奋，
在谈论《阿喀琉斯的愤怒》时，他写道：“我从来没有在任何作品……
305 表现出如此简洁有力的古希腊趣味。”他在布鲁塞尔、根特与蒙斯展出
了《丘比特与普赛克》《忒勒玛科斯和欧沙里斯的诀别》《阿喀琉斯的愤
怒》，并收取门票，之后才将这些画送到它们的委托人手中。展出所得
收入捐给了宗教与民间慈善组织。

许多艺术家迈入老年期后便会忧虑后辈与未来将如何评判他们的作品。有的人会确保自己最好的作品进入重要的收藏机构，有的人则试图将过去的作品买回环绕在自己身边（大卫的学生安格尔就是后一类的代表）。无论是画家、作家还是作曲家，老年艺术家另一个共同特征是深深的孤独感甚至孤立感，且丧失了交流的欲望。艺术家希望做最少的妥协且以自己的方式与人交往，其结果必然是走向高度个人化。绘画上的例子，如提香的作品结合了高度表现主义与突破性技巧（图 193），比

1 下文简称《阿喀琉斯的愤怒》。——编注

大卫年长两岁的弗朗西斯科·戈雅（1746—1828 年）于 1819 年迁居马德里外的“聋人之家”，在那里创作了表现人性之荒谬本质的强大而充满侵略感的杰作（图 194），这些作品是私人性的，完全不在意公众的眼光。从大卫晚年的作品中我们虽能看到更加个人化的倾向，但他从未 306
切断与周遭艺术生活的联系。为了让法国公众注意到他们这位在世最伟大画家的创造力仍在继续，他下决心一旦时机成熟一定要让自己的作品在巴黎展出，尽管在许多评论家眼里，他的艺术已经完全脱离时代。不过，有趣的是，当时法国最具天赋的艺术家之一热里科和他的艺术家朋友贺拉斯·贝内特（1789—1863 年）于 1820 年 11 月专程到布鲁塞尔拜会了大卫。之后不久，大卫写道：“两位技巧高妙的画家，贝内特和热里科先生的到来让我大喜过望，他们专程到布鲁塞尔来看望我、拥抱我。我们为我那些从未冷淡过我的学生的健康干杯。”

至于后世之名，凭借《荷拉斯》（见图 62）与《布鲁图斯》（见图 77）等画作，大卫早已登上法国艺术的万神殿。这两件作品本已经进入巴黎的卢森堡博物馆，虽然大卫还曾为了增加个人收入向法国政府出售 307
过其他画作，但目的倒不是为了让它们进入国家收藏。1820 年初，《萨宾妇女》（见图 131）与《列奥尼达》（见图 177）由政府出资 10 万法郎购入，陈列在卢森堡博物馆。作为交易的一部分，大卫也交出了《加冕礼》（见图 152）和《分发鹰旗》（见图 167），这两幅画作在拿破仑失势后便一直由他本人保管，搬往布鲁塞尔时，它们被一同留在了巴黎的仓库。由于这两幅画为前政府订购，大卫算是拱手托出，没有再次收取酬劳。不过，描绘拿破仑的画作没有公开展出，其中明显的政治内容让它们只能被深藏在卢浮宫的库房里。大卫虽然享受布鲁塞尔高品质的生活，但他还是试图增加收入，与人商谈要将他的绘画制成雕版画出售。对 18 世纪与 19 世纪的艺术家来说，出售他们受欢迎的成功作品的雕版画版权是一项很重要的收入来源，这意味着一幅作品可以获得来自购画者与版画商的双重收入。不少情况下，雕版画收入甚至超过原作收入。鉴于大卫精明的商业嗅觉，他热衷于开拓版画市场也毫不意外。据说他曾甚至暗示过，他临终的床上将会刻上《列奥尼达》。

1820 年，大卫的健康状况十分糟糕，甚至一度有传闻他从此将不能

图 192

献祭伊菲革涅亚时阿喀琉斯的愤怒

1819 年

布上油彩

105cm × 145cm

金贝尔艺术博物馆，福特沃斯

图 193（左）
圣殇
提香
1573—1576 年
布上油彩
353cm × 348cm
威尼斯美术学院陈列馆

图 194（右）
农神噬子
弗朗西斯科 · 戈雅
约 1821—1823 年
布上油彩（转自灰泥墙面）
146cm × 83cm
普拉多博物馆，马德里

再拿起画笔。但他多少还是恢复了健康，在 1821 年完成了《夏洛特 · 波拿巴与塞奈达 · 波拿巴姐妹》（图 188）之后，他还监管着《加冕礼》全幅复制品（图 195）的绘画工作。这幅复制品的制作在 1808 年就已开始，当时可能有几个美国企业家怂恿大卫制作一张复制品巡展并收取门票，但这个计划后来破产，重制工作亦被搁置。随着 1821 年拿破仑离
308 世，公众对前皇帝的兴趣又被激活，一群新的商人又开始接触大卫，希望他完成这个项目。当时这幅复制品完成了近三分之二，大卫请曾经参与过原作的助手乔治 · 鲁热将未完成的作品从巴黎带到布鲁塞尔，并协助他完成。大卫从市政厅得到一间足够宽敞的房间作为画室，工作大约从 1821 年秋天重启。虽然大卫有着极好的视觉记忆力，通常还能够重新画出 15 年未见之人的脸貌与特征，但对于拿破仑的个别朝臣，他也不得不请当地的名人和朋友们来做模特。人物的服饰与发型也都与时俱进地做了修改，画中坐在正包厢里的大卫的妻子与女儿也展现了时间的流逝，但位于她们身边的画家自画像则完全看不出岁月的痕迹。同样在主包厢里，大卫在去世已久的维安身后增加了自己的学生奥德维尔，当时他是尼德兰国王威廉一世当红的宫廷画家。奥德维尔在 1820 年为大卫画过肖像（图 196），据说大卫将他加入画中是对他的回报。因而，在同一幅画中，我们看到了相隔 20 年的两代人，这种组合打破了画面的

图 195
《拿破仑一世及皇后的加冕典礼》复制品
1822 年
布上油彩
610cm × 970cm
凡尔赛宫国家博物馆

整体性，也在当时引起了争论。由于大卫还在康复过程中，因此余下的大部分绘画工作由鲁热完成，加之缺乏精致的细节，使得复制品看起来枯燥无味且缺乏光彩，完全没有原作那种直观性与辉煌感。当大卫说两幅中他会首选复制品时，多少有些自欺欺人。他的学生弗朗索瓦-约瑟夫·纳韦则直言不讳地说这幅复制品虚弱无力，“糟糕透顶”。这幅画于 1822 年在伦敦展出，《泰晤士报》评论其“一无是处”，称它是“一件对蜡像的模仿”，《文学志与华文报》（*Literary Gazette and Journal of Belles Lettres*）的评价更加尖刻，称“我们从未在任何加冕礼上见过如此丑陋的面容，如此肮脏的色彩”，并说不少人的肖像让人不由想到酒馆的招
牌。在这幅画作被送往伦敦及之后的美国巡展前，大卫曾期望能向布鲁 309
塞尔的公众展示这幅作品，并借此为慈善机构筹款。但是政府拒绝了他的请求，担心展览会引起激进分子和波拿巴支持者集会，造成与法国波旁王朝不悦的外交事件。

1820 年的病痛开始让大卫感到生命即将终结，因此他决心要画出他

图 196
生活中的大卫
让-皮埃尔-马里·贾泽
1820 年
根据约瑟夫-德尼·奥德维尔的画作所作的雕版画
76cm × 56cm

最后的宏大陈述。1821 年，他开始了《维纳斯与美惠三女神解除战神玛尔斯的铠甲》[1]（*Mars Disarmed by Venus and the Three Graces*，图 197）。他说："这是我想画的最后一幅作品，我要用它超越我自己。我将在上面写上我画于 75 岁时，这之后，我将不再碰画笔。" 1824 年大卫完成了这幅大胆、令人惊奇又让人费解的作品，当时与现在都有很多人想知道这个奇怪的场景中浮在空中的装饰性大理石亭子到底意欲何为。这是不是画家在重新审视了古典神话与传统之后对神话绘画传统提出的嘲讽？抑或是对画家对 50 年前画过的主题（见图 13）的真诚却误入歧途、不
312 合时宜的重温？这两种解释都有人支持，这也是学者们争论不休的焦点之一。

战神玛尔斯为维纳斯的美丽所臣服，但他的爱是否能得到回应却令人怀疑。维纳斯对是否要将象征屈从于肉体愉悦的玫瑰花冠戴在玛尔斯的头上犹豫不决，丘比特在为战神解开凉鞋，弓已放在地上，没有射出的欲望金箭和厌恶铅箭也并排放着（图 198）。如果用精神分析的方法解读画中人物，则会得出这样的结论：玛尔斯将象征男性力量的箭递给美惠三女神之一，引申的意义则是，大卫承认自己的衰弱，将退出战争 / 艺术的角斗场。玛尔斯被表现为裸体，但大卫特意用一对脏兮

1 下文简称《玛尔斯与维纳斯》。——编注

图 197
维纳斯与美惠三女神解除战神玛尔斯的铠甲
1824 年
布上油彩
308cm × 262cm
比利时皇家美术馆，布鲁塞尔

兮咕咕求偶的鸽子遮住玛尔斯的私处以免尴尬。皮肤雪白的维纳斯显得极其娇弱，柔软灵活的身体异常纤细，完全不同于一般绘画中维纳斯丰腴的形象。她的背部与手臂构成的温和而性感的曲线让人联想到安格尔 1814 年的《大宫女》（*La Grande Odalisque*，图 199），在这里也许是老师向这位世纪之交的学生取经。为了找到画中维纳斯洁白无瑕的双足的模特，大卫煞费苦心，虽然布鲁塞尔上层社会的不少女性都自告奋勇， 313
但最终令他满意竟是一位来自劳动阶层终日穿着木鞋的姑娘。维纳斯的模特则是从布鲁塞尔铸币局剧院（Théâtre de la Monnaie）雇请的一流舞蹈演员玛丽・勒叙厄尔，她曾在 1821 年 6 月的马里于斯・珀蒂帕的芭蕾舞剧《维纳斯与爱的诞生》（*The Birth of Venus and Love*）中担任主演。男女主神身后的三位女神则在画中扮演着可有可无的角色：一位将一杯

图 198（对页）
图 197 局部

葡萄酒递给玛尔斯，但他却无暇理会；另一位则将玛尔斯的盾牌滚走，仿佛它只是孩子玩的铁环；左边的美惠女神正拿着玛尔斯的头盔，但令我们好奇是她会将把头盔放往何处。传统上，美惠女神是维纳斯手下的美丽女仆，但在大卫画中的她们却是“无美惠”可言，她们的动作与表情近乎荒诞和滑稽。

美惠女神的模特来自铸币局剧院里那些体态并非完美的芭蕾演员，由此也造成了画中真实与理想化并置带来的不适感。是大卫缺乏描绘“优雅美惠三女神”的能力还是他有意为之？在过去，大卫作品的信誉取决于他精挑细选的模特以及他在人物间建立令人信服的动作关联的能力。但在这件作品中，他使用了不同的标准，完全有悖于大卫信中高调而乐观的基调，这不禁让人怀疑他是不是对创新过于自信。这幅画总体的效果当然令人困惑与不安，饱和度很高的色彩硬边效果很可能出自他的比利时助手。

为了公开宣布与绘画“诀别”（final adieu），大卫吩咐儿子欧仁在黎塞留街 115 号的街角公寓租下一套三居室。第一个房间展示过去的几件作品，有《安德洛玛刻哀悼赫克托尔》（见图 43）、《赫克托尔》（见图 35）和《帕特罗可洛斯》（见图 36）及两件罗马时期学院裸体写生。第二个房间专门用来展示《玛尔斯与维纳斯》，墙面都装饰以绿色的布面，正对画的墙壁上悬挂一面能完整反射整个画面的巨大镜子。站在画与镜
子之间，观者能够获得一种置身于艺术与视幻之间的非凡视觉感受。这 314

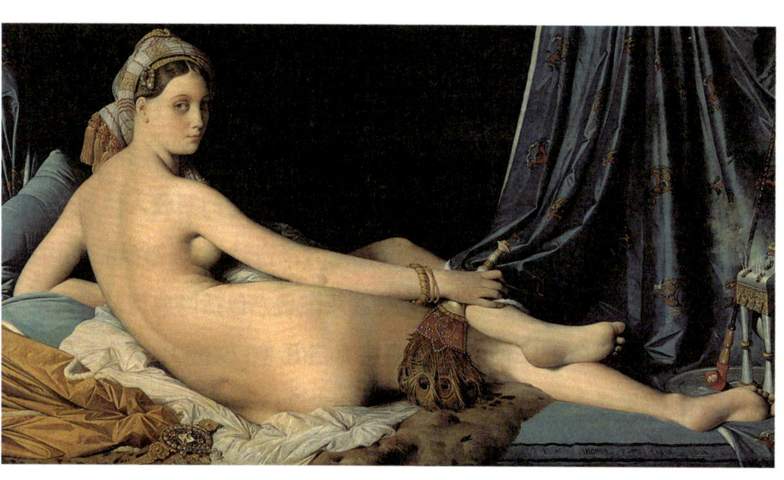

图 199
大宫女
让-奥古斯特-多米尼克 · 安格尔
1814 年
布上油彩
91cm × 162cm
卢浮宫博物馆，巴黎

第七章　脸颊浮肿的肥胖大卫

大卫的身后事

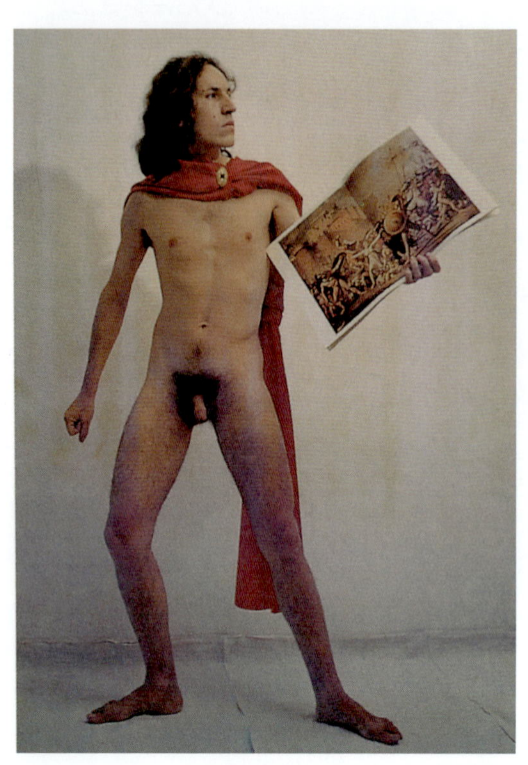

大卫去世时，现代法国批评家认为他是一位不合时宜的人物，是早 321
已过时的生活方式与绘画类型的残迹。然而，得益于遍布天下的学生，大卫的影响力仍然持续了半个世纪。复辟的波旁王朝器重的许多画家都出自大卫门下，热拉尔与格罗获得了比拿破仑时期更多的政府荣誉，两人都被封为男爵。他以前的学生安格尔成为学院最重要的艺术家，是向浪漫主义发起反击的古典主义流派的领袖（图 204）。安格尔认为自己是超越时间的永恒价值的卫士，维护着从古典时代到时下从未断裂的艺术传统。《荷马礼赞》（*Apotheosis of Homer*，1827 年）最有说服力地表达了这些价值，画中的荷马被颂赞为所有欧洲文化的源头，正接受古往今来的主要艺术人物的朝圣。浪漫主义认为每一代人都将发现属于自身的特有的艺术表达形式，来自当代世界与当代文学的主题在情感的表达上高于古代的作品。但公众眼中的浪漫主义领袖德拉克洛瓦却是大卫绘画的崇拜者，他始终将具有发明性与创造性的大卫原作与一味模仿其风格的较弱的学生作品区别看待。

在某种程度上，师从于大卫这一经历也成为一种身份，全法国的学院和艺术学校几乎都被掌控在大卫过去的学生手中。随意浏览一下巴黎与外省的报纸，几乎肯定能发现登着“大卫先生的前学生”愿意以合理
的学费教授绘画与素描课的广告。为了保持他们对敬爱的老师的珍贵记 322
忆，大卫的学生还在 1836 年至 1845 年间举办年度晚宴，与老同窗叙旧，为他们已故的老师干杯致敬。

在悼念与怀念之外，大卫的死不可避免地伴随着一些对他的作品及其在法国艺术史上的地位的恶意攻击。在大卫去世前的 10 年间，已经有人暗地展开一场反对他的艺术方法的运动，大卫死后，这反对之声立即公开而激烈地爆发。他们称大卫只专注于素描与静态场景，损害了艺术，制造了偏见。历史画变得奄奄一息完全是大卫的责任，具有讽刺意味的是，大卫那些开启了激进与生动艺术形态的风格创新，在缺乏天赋的艺
术家手中沦为生硬的公式。当然，要让大卫一人担责未免过于严苛，他 323
当然不希望艺术沦为规则和老套造型，他总是希望自己的学生找到适合他们个性的艺术表达方法。不过，面对称他鼓励学生专注艺术的智识层面而忽略技艺的培养的指控，大卫也难辞其咎。德拉克洛瓦对大卫最大

图 203
仿大卫（掠夺萨宾妇女）
路易吉 · 翁塔尼
1972 年

图 204

1827 年沙龙。他们会进去，他们不会进去？浪漫主义和古典主义在博物馆门前的大战

1827 年

石印版画

34cm × 23.8cm

的不满就在于他缺乏扎实的技法及其画作的冰冷。

大卫一直都对动手的技法与推销画作的伎俩不屑一顾，拿起画笔上颜料这类体力活对大卫来说并非享受而是折磨。据说，有人曾和他讨论绘画过程，不胜其烦的大卫就宣称“我在懂事之前就知道所有这些绘画技法了”，但事实并非如此。他对艺术的智识与创新方面的坚持，意味着他没有太多时间在意绘画的工艺，不太重视如准备画布与选择好质量的材料之类的技术细节。在这样的过程中，他自然会忽略来自那些积累传承的宝贵资源，不但他自己的画作缺乏技巧，他培养的一整代画家都丢失了那些社会地位较低但画技高超的艺术前辈们积累下来的技艺宝库。事实上，皇家雕塑与绘画学院于 1648 年在巴黎建立时就已开启艺术家与手工业艺人的分离过程，大卫只是促成了两者的最终分裂。

不仅大卫的艺术名声受到最严肃的审查，他的生活与工作也都遭受了严厉的评判。英国艺术家和作家们对他尤为苛刻，不能（或不愿）将艺术家大卫和投票支持路易十六死刑的政治家大卫分开对待。苏格兰散文家和历史学家托马斯·卡莱尔在提到大卫时的用语是“脸颊浮肿的肥胖大卫”，康斯太勃尔在看过大卫 1835 年伦敦展览后，对他的评论为：“我看过大卫的作品，它们的确让人厌恶……大卫头脑里似乎只有 324
三件事，断头台、医院和妓院。”《名利场》（1848 年）的作者威廉·梅克皮斯·萨克雷说大卫“在 1825 年生理死亡一年之后才真正死去”，还说“还有比所有‘大卫时代’的画家都跟着大卫画裸体更荒诞不经的事情吗”。他最后还形容《萨宾妇女》（见图 131）中的罗穆卢斯有着“发电报一样的动作”。批评家和作家约翰·罗斯金认为大卫是一个才能有限的艺术家，尽管他在《荷拉斯》中看到了“健美的男子，他们神色勇敢、坚定、高尚”，但他觉得一个更与众不同的艺术家应该能够赋予三兄弟更独特的个性。作为拉斐尔前派兄弟会的支持者，罗斯金谴责大卫仅仅描绘“时事的外在真实”的确不令人意外，因为他赞赏的是那些创造与文学等同的诗意故事的艺术家，特别是约翰·埃弗雷特·米莱（1829—1896 年）和威廉·霍尔曼·亨特（1827—1910 年）。应该注意的是，其实大卫与拉斐尔前派的艺术家之间有着关联。福特·马多克斯·布朗（1821—1893 年）在布鲁日短暂地做过奥尔贝特·格里戈里厄斯（1774—1853 年）的学生，随后在根特随彼得·凡·汉斯莱尔（1786—1862 年）学习过，布朗的这两位老师都是大卫的学生。

在法国，一个人的本性总是会遭到各种诽谤中伤，关于大卫及其艺术的评论自然不能幸免。有关大卫在大革命时期（参见第三章）没能或不愿帮助落难的沙尔格兰夫人的事情被添油加醋，让大卫显得更不光彩。现在的故事版本中大卫拒绝这位弱势的女性，是对当年她拒绝了他的多情的恶意报复！为了以正视听，大卫的前学生埃蒂安-让·德勒克吕泽在 1855 年写的一部长传记《路易·大卫：他的学校和他的时代》（*Louise David, son école et son temps*）中说道：“这些回忆是要恢复大卫的天才形象，揭示这位艺术家传授给学生的原则。”这部传记以大卫 325
的作品及他和学生的关系为主，回避了他参与大革命的尴尬话题。1880 年，大卫的孙子朱尔出版了巨著《画家路易·大卫》（*Le Peintre Louis David*），书中影印出版了许多书信和文件，至今仍然是任何严肃研究大卫的基础。

法国官方沙龙展墙上挂着的许多历史画虽然仍然受益于大卫，但当时出现的新力量与艺术潮流削弱了他与时代的关联性。随着印象派画家及其色彩斑斓的小幅室外风景画的出现，很难想象还有哪一种艺术比这种在室外直接画成的风景画更偏离大卫的艺术原则和实践。公众虽然经过了一段时间才了解到克劳德·莫奈（1840—1926 年）、皮埃尔-奥古斯特·雷诺阿（1841—1919 年）、埃德加·德加（1834—1917 年）、阿尔弗雷德·西斯莱（1839—1899 年）和卡米耶·毕沙罗（1830—1903 年）的艺术魅力所在，一旦被他们折服，印象主义者立即成为最受欢迎也最容易被人接受的艺术家，他们笔下的大自然场景拨动着观众回忆的心弦，像抹在眼里的舒缓药膏，这些特质是大卫作品所缺乏的。19 世纪晚期与 20 世纪初出现的后印象派、野兽派、立体主义和抽象派营造的艺术氛围对大卫少了许多敌意，更少了谈论起他的必要，尽管作家和批评家纪尧姆·阿波利奈尔在 1913 年观看了在巴黎小皇宫举办的“大卫和他的学生们”展览后写过一篇赞美的评论。色彩成了艺术表现的主调，它的源头可以追溯到 19 世纪的德拉克洛瓦。对如保罗·塞尚（1839—1906 年）和皮埃特·蒙德里安（1872—1944 年）这些探索微妙而冷静地使用纯粹形式和线条的艺术家而言，大卫和他们没有任何相关性，而普桑明晰且具有几何形特征的风景画才是更有价值的古代智慧。

326 对新近的艺术家和评论家来说，大卫的作品特别是《萨宾妇女》（见图 131）似乎体现了现代文明社会中无所立足的粗暴男性价值。1972 年，意大利艺术家路易吉·翁塔尼（生于 1943）将自己扮作《萨宾妇女》中的新郎，手持这张作品的图片（图 203）。作品命名为《仿大卫（掠夺萨宾妇女）》[（*After David*）*The Rape of the Sabines*]，翁塔尼行为艺术的照片通过引用过去的艺术作品来批判过去的文化。在英国，1996 年 12 月《卫报》载文声讨大卫绘画，谴责他“卑鄙”和“可憎”地描绘了“即将被残忍屠杀的惊恐的女性”。上述两例都误将女性调停的场面看作对早先发生的掠夺场景的调解，这些事例说明，今人对古代历史的不熟悉，一个记述不清的故事却被用来佐证当前的信仰和态度。

一位艺术家如此深地介入政治，无怪乎会引来批评家和政治家的极大兴趣，大卫经常被征引用来证明论者的个人观点与论题。他受到左翼和右翼的赞扬和辱骂，但双方都认可他是一位真正的革命艺术家，如法国马克思主义历史学家丹尼尔·格林所言，大卫是一个愤世嫉俗的无产者，是资产阶级的背叛者。在某种层面上，这些有关大卫的讨论只是关于法国大革命的原因、性质以及影响的宏观讨论中的微观讨论。

直到第二次世界大战之后，大卫的公共形象才得以改善。1948 年凡尔赛宫与巴黎的橘园博物馆举办了纪念大卫 200 年诞辰的回顾展。在
法国需要进行战后大规模重建、反思过去与纳粹合作的历史大背景下，328
大卫提供了民族自豪感和民族认同的象征。大卫被定义为追求描绘真实的典型的法国艺术家，他被视为从文艺复兴到塞尚时代的一条未曾断裂的法国艺术之链中不可缺少的一环。这次展览的目录在结尾郑重声明：“他仍然是法国艺术中的大师。”自此，关于大卫的书籍与研究蓬勃发展，1989 年至 1900 年在凡尔赛和卢浮宫举办的展览（图 205）为其顶峰，这次展览还包括为期 5 天的学术会议。当今学术界对大卫艺术的争论激烈度堪比这些作品最初展览时引起的争议，甚至有过之而无不及，其中一些研究者的创新理论被更保守的同行批评为牵强附会和过度诠释。

然而，没有任何紧密构建的论证可以取代或削弱近距离感受大卫的主要作品所带来的刺激与兴奋。在卢浮宫里近距离地观赏《荷拉斯》《萨宾妇女》《列奥尼达》会让人为大卫创作的广度及其思想与目的的清晰度惊叹不已。如果可能，开启到布鲁塞尔的朝圣之旅，在崇高的《马拉之死》前驻足静穆。在一个充斥着实况摘要、30 秒新闻和注意力不断被分散的年代，你将面对一幅需要你全神贯注的画作，而你也将从它那里收获丰富的回报。大卫的艺术有一种可以跨越世纪和我们对话的能力，在一个每个党派都在呼吁重返秩序的时代，大卫的艺术仍然能给当代观众以启发。

图 205

《拿破仑一世及皇后的加冕典礼》正在移往大卫艺术展展区

1989 年 9 月

卢浮宫博物馆，巴黎

附　录

术语表

学院（皇家绘画与雕塑学院）[Academy（Royal Academy of Painting and Sculpture）]：皇家绘画与雕塑学院成立于1648年，旨在通过证明艺术家是有智识教养的人而非手工艺人，提高艺术家的社会地位。学院特别强调教学，对学生的制图能力要求甚高。同时，学院在罗马设有分部，获得**罗马奖**的学生有去那里学习的机会。大卫虽然也是学院院士，但他鼓动抗议高级院士的特权以及学院整齐划一的教学方法，并于1793年成功地推翻了学院。1795年，皇家绘画与雕塑学院被**学会**取代。

胡须派（有髯翁）[Barbus（Bearded Ones）]：亦称彭塞里诺（Penseurs，思想者）、梅迪托雷（Méditateurs，调停者）或普里米泰福斯（Primitifs，原初者）。由大卫画室分出，领导者是皮埃尔-莫里斯·夸伊（约1779—1802/1803年），想让艺术回到古希腊瓶画的原始纯粹及意大利文艺复兴早期的简洁。他们衣着怪异，坚持素食主义，计划建立乌托邦式的社会。他们因批评大卫的作品被赶出画室。1802年或1803年，夸伊死后，团体解散。

巴洛克（Baroque）：欧洲16世纪晚期至18世纪初最重要的艺术风格，起源于罗马。巴洛克涉及绘画、雕塑和建筑等领域，以动势、技艺精湛、戏剧性和观者参与为特点，尤其风行于天主教国家，是对抗宗教改革的表达形式。主要的艺术家有吉安·洛伦佐·贝尼尼（1598—1680年）、**卡拉瓦乔**、弗朗西斯科·博罗米尼（1599—1667年）、彼得·保罗·鲁本斯（1577—1640年）。

一般安全委员会（Committee of General Security）：1793年为应对法国新生共和国的危机而成立的两个主要委员会之一。其权力不及**公共安全委员会**，主要管理警察与国内安全。大卫是该委员会成员。

公共安全委员会（Committee of Public Safety）：1793年4月6日至1795年10月26日间运作的“战时内阁”，由12位**国民公会**成员组成，即著名的“十二掌权者”。他们主要的任务是推动经济发展，负责战时的一切事物，虽然**罗伯斯庇尔**时期被用来维护**恐怖统治**的意识形态。其成员时常被派往各省监察地方的活动与政策执行。

执政府（Consulate）：1799年**拿破仑**雾月政变后建立，执政府由拿破仑担任第一执政官，让-雅克·康巴塞雷斯和夏尔-弗朗索瓦·勒布伦担任第二和第三执政。1802年，拿破仑由第一执政变为终身执政，由此开始独裁统治，拿破仑1804年5月称帝后，独裁统治得以巩固。

国民公会（Convention）：共和国国民公会的前身是1792年9月成立的立法议会。主要成员有左派**山岳派**、独立的平原派和温和的**吉伦特派**。1793年6

月吉伦特派成员被逮捕，由**罗伯斯庇尔**领导的山岳派于1794年7月被推翻。1795年10月被**督政府**取代。

国王建筑署［Direction des Bâtiments du Roi（Direction of the King's Buildings）］：与美术部长等同。从1774年至大革命时期，**昂吉维莱尔伯爵**担任这一皇家管理机构的署长。除了负责订制艺术品外，在任的官员还负责管理皇家建筑与园林的维护、监管**学院**（有时还负责审查）。

督政府（Directory）：**罗伯斯庇尔**倒台后，1795年8月由选出的五名督政官执掌行政职权。督政府进行过货币改革，希望以此振兴贸易和农业，但其低效、腐败和不断推行高压政策招致不满。**拿破仑**发动雾月政变后，于1799年12月9日至10日推翻了督政府，由**执政府**取而代之。

吉伦特派（Girondins）：**国民公会**代表中的温和派、理想派，约180人，因多数成员来自法国西南地区吉伦特省而得名。主要的领导者是雅克·皮埃尔·布里索·德·瓦尔韦纽斯（Jacques Pierre Brissot de Warville）和让·玛丽·罗兰·德·拉·普拉捷（Jean Marie Roland de la Platière），他们试图对抗以巴黎为中心的**山岳派**的激进主义。1793年6月，吉伦转派被赶出国民议会，主要成员被处决。

学会（Institute）：这个学术团体在1795年取代了所有艺术和科学学院。绘画部成员仅6人，而此前的**学院**中院士就有90人，此外还有见习院士。大卫是这个新机构的创始成员之一，学会的作用相当于讲坛，不承担教学任务。

雅各宾俱乐部（Jacobin Club）：一个政治高压团体，因其在多明我会的圣雅各［St James，拉丁语里的雅克布斯（Jacobus）］修道院聚会而得名。成员最初持温和的革命态度，后日渐走向激进。大卫从1790年9月起加入该团体。1795年11月雅各宾俱乐部被废除。

山岳派（Mountain）：指**国民公会**中激进的**雅各宾**代表，**国民公会**举行地设在杜伊勒里宫的前皇家骑术厅，雅各宾派在议会中坐在较高处，因此得名山岳派。政治立场与温和的吉伦特派截然对立，议会代表中有250至300人属于这一派别，领导者是**罗伯斯庇尔**，大卫是成员之一。

国民议会（National Assembly）：1798年5月第三等级的代表在凡尔赛宫召开了三级会议，6月17日，在与另外两个等级的讨论陷入困局后，自称国民议会。6月20日，在网球场召开会议，宣誓不达成新的宪法绝不解散。1791年10月，**国民议会**被立法议会（Legislative Assembly）取代。

新古典主义（Neoclassicism）：18世纪下半期至19世纪初欧洲艺术与建筑领域的主导流派。新古典主义既是对轻松愉快的**洛可可**的反叛，也是启蒙主义道德观的表现。古代罗马和希腊的崇高和英雄主义的理想注入了绘画和雕塑的单纯和宏大风格之中。大卫是新古典主义绘画最重要的代表，雕塑领域的代表是安东尼奥·卡诺瓦（1757—1822年）。

罗马奖［Prix de Rome（Grand Prix）］：巴黎的**学院**历史画最高奖。候选者从最佳的学生中选出，给予每人两个半月的时间，根据给定的题目在单独的画室里创作作品。获奖者可以在罗马法国学院深造三至五年。这一大奖的竞争异常激烈和残酷，18 世纪和 19 世纪初的许多著名画家都曾得过奖，其中有**大卫**、**吉罗代**、**安格尔**、**勒尼奥**和**樊尚**。

恐怖统治（Reign of Terror）：1793年9月至 1794 年 7 月的 10 个月间，由**公共安全委员会**领导的对一切反革命的无情清洗。并不是所有的获罪者都被送上断头台，有的被枪决，有的被溺死，不少人则死在肮脏、拥挤不堪的狱中。有三四万人被杀害，大多数并非贵族，而是普通人。

革命历（Revolutionary Calendar）：1793年颁布的共和国历法，目的是清除与教会的关联。共和年从 9 月 22 日起至次年 9 月 21 日结束，元年开始于1792 年 9 月 22 日共和国成立日。一年被等分为 12 个月，每月 30 天，余下的 5 天为节庆假日。每个月分三旬，每 10 天为一旬。12 月份名也按气象和农业的特点改为（从 9 月 22 日起分别为）葡月（Vendémiaire）、雾月（Brumaire）、霜月（Frimaire）、雪月（Nivôse）、雨月（Pluviôse）、风月（Ventôse）、芽月（Germinal）、花月（Floréal）、牧月（Prairial）、获月（Messidor）、热月（Thermidor）和果月（Fructidor）。1803 年被格里高利历（公历）取代。

洛可可（Rococo）：约1700至1800年间主要出现在法国的艺术、建筑和室内装饰风格。主要特点是优雅、精巧、轻快，它是一种诉诸感官的艺术，后被朴素和严肃的**新古典主义**取代。洛可可艺术的领袖有让-安托万·华托（1684—1721 年）、**布歇**和**弗拉戈纳尔**。

浪漫主义（Romanticism）：经历了法国大革命风起云涌的起义和拿破仑时代之后，整个欧洲的艺术家开始以更加个人化的方式来表达，重视本能、直觉和情感，反对**新古典主义**的冷静与普遍秩序。艺术家主要探索的领域是大自然的非理性、恐惧、力量和神秘。浪漫主义者强调色彩而非线条。这个流派具有真正的国际性，包括各异的艺术家，如**热里科**、欧仁·德拉克洛瓦（1798—1863 年）、约翰·康斯太勃尔（1776—1837 年）、J. M. W. 透纳（1775—1851 年）和弗朗西斯科·戈雅（1746—1828 年）等。

人物小传

昂吉维莱尔伯爵（Comte d'Angiviller，1730—1809 年）：全名为夏尔-克劳德·德·弗拉奥·德·拉·比亚夸（Charles-Claude de Flahaut de la Billaderie）。曾当过兵，在路易十四继位时被任命为**国王建筑署**署长。他提倡历史画，甚至截流项目资金来保证历史画的委托订制。通过**佩龙**的保护者，他了解到大卫的天赋，从大卫那里订制了官方委托和私人绘画。大革命期间，昂吉维莱尔伯爵被流放，死于德国。

约瑟夫·巴拉（Joseph Bara，1779—1793 年）：德马尔·德埃斯蒂马（Desmarres d'Estimauville）将军率领的革命军中的少年战士，在侦查中，因拒绝将两匹马交给保皇派士兵而遇害。**罗伯斯庇尔**借用这次事件将巴拉塑造为共和国青年的典范，他宁死不屈，绝口不说"国王万岁"，死时口中喊着"共和万岁"的口号。大卫为他而画的一幅烈士纪念性绘画最终没有完成。

篷佩奥·巴托尼（Pompeo Batoni，1708—1787 年）：罗马艺术界的重要人物，巴托尼画过宗教和历史题材，擅长肖像画，尤其是画"大旅行"的英国绅士。他非常欣赏大卫，力劝大卫留在罗马发展，因为在这里他的才华能够得到真正的认可。临死前，他将自己的调色板和画笔馈赠给大卫。

约瑟芬·德·博阿尔内［Josephine de Beauharnais，原姓塔舍·德·拉·帕热里（Tascher de la Pagerie），1763—1814 年］：约瑟芬虽然喜好奢华、为人肤浅，但富有魅力和吸引力。她的第一任丈夫维孔特·德·博阿尔内，在大革命期间被处死。1796 年 3 月，和年轻锐气的**拿破仑·波拿巴**将军举行了民事婚礼（1804 年在教堂再次举行结婚仪式）。拿破仑远征意大利和中东时期，她大多数时间住在梅尔梅森城堡，并花费巨资装潢宫殿。1804 年被拿破仑加冕为皇后，但因不能为拿破仑带来子嗣，二人于 1809 年 12 月离婚。不过，拿破仑仍然钟情于她，赐予她丰厚的金钱补偿。

弗朗索瓦·布歇（François Boucher，1703—1770 年）：**洛可可**艺术的领袖，当时最高产和最成功的艺术家。在随弗朗索瓦·勒穆瓦纳（1688—1737 年）学习后，于 1720 年获得**罗马奖**，1721—1731 年在意大利学习。1734 年，成为院士，1765 年成为国王的首席画家。他后期的作品注重装饰性和肉体感觉，主要描绘诗意的田园世界和神话故事里的情爱场景。他是大卫的远亲，曾经拒绝收大卫为学生，但他对大卫早期的艺术有不小的影响。

安德烈·谢尼埃（André Chénier，1762—1794 年）：生于希腊裔法国家庭的谢尼埃是一位诗人和政论作家。他公开批评特权，支持民主和艺术自由，他可能是通过**特吕代纳**兄弟结识大卫，之后在大卫的政治成长上给予他帮助。两人最初都热衷革命，但 1793 年，两人关系破裂，谢尼埃仍然持温和立场，大卫则走向激进派。谢尼埃死于**恐怖统治**时期，但不少诗作如《长短句》(*Iambes*)、《颂歌集》(*Odes*)在他死后出版。

夏绿蒂·科黛(Charlotte Corday，1768—1793年)：科黛出生于诺曼底的贵族家庭，受过良好的教育，最初非常赞同大革命，但被之后的血腥屠杀所震惊，因此倒向了温和的**吉伦特派**。她决心刺杀**让-保罗·马拉**，将法国从极端主义的暴力中解救出来。到达巴黎后，她在马拉沐浴时刺杀了他；科黛深信刺杀为正义行为，行动成功后并没有逃走。在受审期间，她始终保持冷静与镇定。她在刺杀马拉的四天后，她被送上了断头台。

乔治·雅克·丹东(Georges Jacques Danton，1759—1794年)：丹东是一位训练有素的律师，在大革命开始后涉足政治，他的精力充沛和决断力吸引了大量的支持者。1792年，丹东当选为司法部部长后成为政治领袖，后为**国家公共安全委员会**成员之一。随后因其对革命的忠诚和个人诚信受到怀疑而被革职。委员会担心他可能会成为反对势力，便下令逮捕了他，在审讯后，于1794年4月6日将他送上了断头台。

埃蒂安-让·德勒克吕泽(Etienne-Jean Delécluze，1781—1863年)：德勒克吕泽是一位艺术家、作家和批评家，他在1787年成为大卫的学生，在大卫的画室学习了三四年。他虽然像大卫一样是一位活跃的历史画画家，但少有作品传世。1822年，他成为保守刊物《辩论杂志》(*Journal des débats*)的艺术评论家，后期的文章主要评论文学与音乐。他的巨著《路易·大卫：他的学校和他的时代》于1857年出版，该书融合了温情的回忆和扎实冷静的描述，完全避开了充满争议性的政治问题。

让-热尔曼·德鲁埃(Jean-Germain Drouais，1763—1788年)：生于肖像画世家的德鲁埃是大卫的得意门生，两人的关系非常亲近。德鲁埃才华横溢，得益于丰厚的遗产，他在经济上也非常独立。在获得了1784年的**罗马奖**后，德鲁埃随大卫一同前往罗马。在大卫回到法国后，德鲁埃变得意志消沉、叛逆不羁，不过他的《马略在明图尔诺》(1786年)成为大卫画派在法国画坛崭露头角的开始。被视为大卫最强有力的竞争者的德鲁埃因天花而英年早逝，他的名字也与天妒英才联系在了一起。

弗朗索瓦-格扎维埃·法布雷(François-Xavier Fabre，1766—1837年)：历史画与肖像画画家，于1783年成为大卫的学生。他进步神速，很快得到大卫的信赖，被委托以《贝利撒留》复制品，1787年赢得**罗马奖**。他在罗马一直住到1793年，**路易十六**被处决后，反法运动爆发，他被迫逃往佛罗伦萨，之后20年一直住在那里。他主要绘制肖像画，并因此进入了上层社会。他回到法国后，在蒙彼利埃建立了以自己名字命名的博物馆。

让-奥诺雷·弗拉戈纳尔(Jean-Honoré Fragonard，1732—1806年)：**洛可可**风格的首屈一指的画家，弗拉戈纳尔曾学画于让-西蒙·夏尔丹(1699—1779年)和布歇，1752年获得**罗马奖**

后，于1756—1761年在罗马学习。最初他也是一位历史画家，随后因缺少赞助人和财务保障而被迫放弃，选择了描绘轻浮情色和殷勤求爱的故事，并取得了巨大成功。但是，这样的绘画主题在**新古典主义**到来后日益失去市场。大卫对他颇为仰慕，在他背运时给予援助，但最终弗拉戈纳尔在贫困潦倒中死去。

泰奥多尔·热里科（Théodore Géricault，1791—1824年）：曾学画于卡勒·贝内特（1758—1836年）和皮埃尔-纳西斯·格林（1774—1833年），但他主要靠自学成才。热里科是他这一辈画家中致力于描绘当代生活、捕捉极端情感的画家之一，他是**浪漫主义**诞生的主将。1816年至1817年间，他在罗马生活了10个月，返回巴黎后画成充满争议的代表作《美杜莎之筏》（1819年）。他自言他的志向是“照亮、启发和震惊这个世界”，但因意外坠马而早逝。

安-路易·吉罗代（Anne-Louis Girodet，1767—1824年）：艺术家和诗人，大卫最有天赋的学生之一，因作弊被取消了参加1787年**罗马奖**竞评的资格，但还是于1789年获得大奖。初期是大卫的忠实的追随者，但吉罗代后来努力摆脱老师的影响，努力创作出充满想象力的原创性作品。其创造结果虽新奇但时常偏于怪异。**拿破仑**1810年的十年大奖评选中，吉罗代的《大洪水》作品获得了比大卫《萨宾妇女的调停》更高的排名，为此大卫非常愤怒。吉罗代的生活方式堪称古怪，时而像花花公子，时而如神秘隐士。

让-巴蒂斯特·格勒兹（Jean-Baptiste Greuze，1725—1805年）：格勒兹以《乡村婚约》（1761年）一类的风俗叙事画著称，狄德罗十分赞赏这幅画中表现的乡村家庭的质朴道德。他画中的这些场景对大卫产生过影响，尤其是在近距离观察人物动作与面部表情方面。但是格勒兹的历史画尝试是彻头彻尾的失败，1769年的《塞普蒂米乌斯·塞维鲁斥责卡拉卡拉》（*Septimius Severus Reproaching Caracalla*）受到**学院**猛烈抨击。从此之后，格勒兹便拒绝在沙龙展出作品，专注于描绘流泪的少女头像。

安托万-让·格罗（Antoine-Jean Gros，1771—1835年）：格罗是大卫培养出的最好的学生之一，师生关系融洽。他绘制过一些描绘**拿破仑**高贵而充满英雄气概的纪念性绘画，如《雅法的瘟疫之家》（*The Plague House at Jaffa*，1804年）和《埃劳之战》（*The Battle of Eylau*，1808年）。在大卫流亡布鲁塞尔之后，格罗为大卫重返法国四处奔波，并和大卫保持着诚挚的通信。1824年被复辟的王朝册封为男爵，但是他的作品不再受观众欢迎，还遭到猛烈批评。加上他不幸福的婚姻，他最后在塞纳河的支流自溺身亡。

菲利普-奥古斯特·埃内坎（Phillippe-Auguste Hennequin，1763—1833年）：先后在里昂和巴黎受过绘画训练的历史画画家，曾是大卫钟爱的学生，但于1782年被大卫赶出画室。格罗在罗马旅居5年，大革命时期成为活跃的**雅各宾派**以避免遭受迫害。他画过如《俄瑞斯忒斯的哀悼》（*The Remorse of Orestes*，1800年）的政治寓言画，还画过表现拿破仑战争场面的作品。**拿**

“不可腐蚀者”，因为他有着极高的道德感并拒绝向皇权妥协。他充满活力的个性吸引了许多追随者，其中包括大卫。但后来出现了反对他的潮流，并于共和国二年热月九日（1794 年 7 月 27 日）被罢免，次日被送上了断头台。

乔治·鲁热（Georges Rouget，1783—1869 年）：鲁热是一位历史画画家，做过 10 年大卫的主要助手，参与过《加冕礼》《分发鹰旗》《列奥尼达》。他有着高超的制图技巧，绘画技法全面，被大卫称为“我的右手”，他因对老师的忠诚与顺从而在最终牺牲了自己的事业，他缺乏成为艺术家的独立个性。1822 年当大卫邀请他到布鲁塞尔帮助完成《加冕礼》的复制品时，他毫不犹豫地同意了。

埃马纽埃尔-约瑟夫·西耶斯修士（Abbé Emmanuel-Joseph Sieyès，1748—1836 年）：激进的修士，著名政治手册《什么是第三等级？》的作者，西耶斯参加了网球场之誓，并被选为**国民公会**代表。他帮助**拿破仑**策动了 1799 年的雾月政变，随后退出政治。他在复辟时期离开法国前往布鲁塞尔。在那里，他请大卫画了一幅肖像。1830 年革命后，他返回了法国。

夏尔-路易·特吕代纳·德蒙蒂尼（Charles-Louis Trudaine de Montigny，1765—1794 年）和**夏尔-米歇尔·特吕代纳·德·拉·萨布利埃**（Charles-Mi-chel Trudaine de la Sablière，1766—1794 年）：出生于富裕的金融家家庭，兄弟二人在他们在位于巴黎皇家广场的府邸里举办自由主义和知识分子精英参加的最重要的聚会。大卫和**安德烈·谢尼埃**都参加过“特吕代纳社团”，大卫的许多观念都在这里形成。弟弟夏尔-米歇尔是一位热衷希腊学的学者，请大卫画过《苏格拉底之死》（1787 年）。他们不是坚定的保皇派，但两人都在**恐怖统治**时期被处死。

约翰·特朗布尔（John Trumbull，1756—1843 年）：美国艺术家、外交官和爱国者。绘画基本上依赖自学，他是美国第一个成为职业画家的大学毕业生。在独立战争期间，他担任乔治·华盛顿的副官。战后，他重拾绘画，以战争场景为主题。1817 年受美国政府委托，为美国国会圆形大厅制作四幅表现革命战争的绘画。其中最著名的一幅是《独立宣言》。他曾和大卫有过多次接触，称大卫为“我温暖而高效的朋友”。

约瑟夫-马里·维安（Joseph-Marie Vien，1716—1806 年）：历史画画家，他是第一位对古希腊罗马艺术产生真正兴趣的法国画家，他的许多学生后来都成了重要的艺术家。维安获得官方的认可，曾出任罗马法国**学院**的院长，同时也是国王画家。大卫也是他的学生，尽管两人对大革命的态度不同，但始终保持着亲密的师生之谊。**拿破仑**掌权时期，他担任参议员，赐封伯爵，并被授予荣誉军团勋章。维安去世时，大卫曾叹息道：“我们的父亲停止了呼吸。”

伊丽莎白-路易丝·维热-勒布伦（Elisabeth-Louise Vigée-Lebrun，1755—1842 年）：维热-勒布伦是法国大革命爆发前法国最重要的女画家，她擅长描绘富有同情心的肖像画，尤其是贵族阶层的女性。她也是一位社交名媛和宫廷女官，深受皇后**玛丽·安托瓦内特**喜爱，1776 年嫁给了艺术经纪人让-巴蒂斯塔·勒布伦，1783 年成为学院院士。大革命期间，她流亡佛罗伦萨、罗马和圣彼得堡，最后于 1802 年重返法国。最初她和大卫是朋友，但两人关系随着大革命爆发而结束，不过始终保持着对彼此艺术的尊重。老年时，她完成了一本有趣的《回忆录》。

弗朗索瓦-安德烈·樊尚（François-André Vincent，1746—1816 年）：**维安**的学生，大卫在巴黎时的主要竞争对手。1768 年赢取**罗马奖**，1771 年至 1775 年在意大利求学。1777 年成为院士，随后便在巴黎沙龙定期展出作品。大革命时期，他是一个保皇派，进一步恶化了他和大卫本已紧张的关系。樊尚是**学会**的创建成员之一，晚年的他因身体不佳而绘画数量减少，但仍然能获得委托订制。和大卫一样，他经营着学生众多的大型教学画室。

约翰·约阿希姆·温克尔曼（Johann Joachim Winckelmann，1717—1768 年）：德国考古学家、古文物研究者和理论家。他是 18 世纪呼吁重归古希腊罗马寻找艺术灵感的最重要的理论家，他的著作对**新古典主义**的诞生有着深远的影响。他的成名作是 1764 年的《关于在绘画和雕刻中模仿希腊作品的一些意见》。温克尔曼认为古代希腊的雕塑高于一切，虽然他对古希腊雕塑的认识多是从古罗马的复制品得来。他在从维也纳回罗马的旅行中被小贼杀害。

大事年表

雅克-路易·大卫的艺术与生活	历史事件
1748 年　8 月 30 日出生于巴黎	1748 年　发现庞贝古城遗址 英国：萨缪尔·理查森，《克拉丽莎》
	1751 年《百科全书》第一卷出版
	1755 年　英国：萨缪尔·约翰逊，《英语词典》
	1756—1763 年　七年战争爆发，英国、普鲁士、汉诺威和法国结盟，奥地利、俄国、萨克森、挪威和西班牙为另一方
1757 年　大卫的父亲路易-莫里斯死于火枪决斗	1757 年　英国：埃德蒙·伯克《关于崇高和美的观念起源的哲学探讨》
1758—1764 年　进入寄宿学校与巴黎的四国学院	
	1760 年　英国：乔治三世继位
	1762 年　让-雅克·卢梭，《社会契约论》
	1763 年《巴黎和约》结束七年战争，确认英国为世界主要力量
	1764 年　约翰·约阿希姆·温克尔曼，《古代艺术史》

1765 年 进入约瑟夫－马里·维安的画室

1766 年 成为皇家绘画和雕塑学院的注册学生

1770 年 第一次参加罗马奖竞赛，在最后阶段败北

1771 年 以《密涅瓦大战玛尔斯》（图 13）获得罗马奖第二名，约瑟夫－伯努瓦·苏维夺得头奖

1772 年 沦为阴谋论的受害者，其作品《阿波罗与狄安娜攻击尼俄柏及其子女》（图 16）失去获奖机会，半真半假地自杀

1773 年 在罗马奖竞赛中败给皮埃尔·佩龙，比赛的题目是《塞内加之死》（图 19），但《悲痛》（图 20）获得了最佳头像素描奖

1774 年 以《安条克与斯特拉托尼斯》（图 22）获得罗马奖；与教父塞代纳住在卢浮宫

1775 年 维安到罗马法国学院上任，与之随行

1765 年 弗朗索瓦·布歇成为学院院长及路易十五的国王画家

1766 年 处决托隆达男爵

1767 年 让·弗朗索瓦·马蒙特尔，小说《贝利撒留》

1768 年 英国：皇家艺术研究院在伦敦建立，乔舒亚·雷诺兹爵士当选第一任院长

1770 年 詹姆斯·库克船长绘制澳大利亚东海岸海图并称其归英国所辖

1773 年 美国：波士顿倾茶事件
英国：乔舒亚·雷诺兹爵士，《装饰海曼像的三个贵妇人》

1774 年 路易十五去世，路易十六继位

1775 年 美国：独立战争开始（至1783年）

1776—1777 年 在罗马研习古代艺术和经典大师们的作品	1776 年 美国:《独立宣言》 1777 年 英国：理查德·布林斯利·谢里丹,《造谣学校》
1778 年 罗马法国学院展出《帕特罗克洛斯的葬礼》(图 33)	1778 年 伏尔泰和卢梭去世 乌东,《本杰明·富兰克林肖像》
1779 年 随雕塑家苏珊娜游览那不勒斯	
1780 年 完成并展览第一件独立委托《圣罗克》(图 39)；开始画《波托茨基肖像》(图 41)；秋天回到巴黎，画室设在市政厅	
1781 年 成为学院见习院士，在沙龙展出了近 12 幅作品，其中《乞讨的贝利撒留》(图 45) 取得巨大成功；游历佛兰德斯	1781 年 伊曼努尔·康德,《纯粹理性批判》 英国：亨利·福塞利,《梦魇》
1782 年 5 月 16 日和玛格丽特-夏洛特·佩库尔结婚	
1783 年 2 月 15 日长子夏尔-路易-朱尔出生 凭借《安德洛玛刻哀悼赫克托尔》(图 43) 成为学院院士	1783 年 根据《巴黎和约》，英国承认美国独立 英国：约翰·辛格尔顿·科普利《皮尔森少校之死》
1784 年 4 月 27 日：次子欧仁出生 9 月 17 日：在妻子和德鲁埃的陪同下再次前往罗马，为王家委托《荷拉斯兄弟之誓》(图 62) 做准备	1784 年 皮埃尔-奥古斯坦·卡隆·德·博马舍,《费加罗的婚礼》 7 月 31 日，狄德罗去世
1785 年 《荷拉斯兄弟之誓》在罗马和巴黎展出，满载赞誉	1785 年 美国：托马斯·杰弗逊,《州政府大楼》，弗吉尼亚州里士满

1786 年	开始《苏格拉底之死》(图 66),该作品受富豪夏尔-米歇尔·特吕代纳委托 10 月 26 日:双胞女儿埃米丽和波利娜出生	1786 年	让-热尔曼·德鲁埃,《马略在明图尔诺》(图 65) 英国:罗伯特·伯恩斯《苏格兰方言诗集》(*Poems, Chiefly in the Scottish Dialect*)
1787 年	沙龙展出《苏格拉底之死》 在比埃夫勒侯爵支持下试图成为罗马法国学院院长(未果) 开始与自由主义知识分子和宫廷往来	1787 年	意大利:安东尼奥·卡诺瓦《罗马圣宗徒堂教皇克莱门特十四世墓室》 英国:威廉·贝克福德出版小说《瓦提克》
1788 年	绘制《拉瓦锡夫妇像》(图 82)	1788 年	德鲁埃病逝于罗马
1789 年	沙龙展览《扈从为布鲁图斯带回他儿子的尸体》(图 77)和《帕里斯和海伦之爱》(图 74) 《拉瓦锡夫妇像》被压制 与不同政见人士一起力促学院改革	1789 年	西耶斯《什么是第三等级?》(图 71);6 月 20 日:凡尔赛网球场宣誓;7 月 14 日:攻陷巴士底狱;7 月至 8 月:“大恐怖”;8 月 26 日《人权和公民权宣言》 美国:乔治·华盛顿成为第一任美利坚合众国总统
1790 年	继续反对学院;前往南特,但委托订制从未完成;《网球场之誓》项目开始(图 86—90) 7 月 14 日,参与联盟节;加入雅各宾俱乐部	1790 年	镇压大多数的宗教团体;伏尔泰戏剧《布鲁图斯》复兴(写于 1730 年) 英国:埃德蒙·伯克《法国大革命的反思》
1791 年	展览完成的《网球场之誓》的素描(图 86) 7 月 11 日:参加将伏尔泰骨灰送往先贤祠的游行 《网球场之誓》搁置	1791 年	6 月 20 日至 25 日,路易十六出逃瓦雷讷;亚历山大·勒努瓦建立法国名迹博物馆,旨在保护中世纪的建筑和雕塑免受大革命捣毁;阿德鲁·谢尼埃,《网球场》 英国:托马斯·潘恩《人的权利》(成书于 1792 年) 奥地利:莫扎特去世

1803 年	12 月 18 日：获得荣誉军团骑士	1803 年	与英国再次开战
1804 年	7 月 16 日：获得荣誉军团勋章 12 月 2 日：任命为皇帝的首席画家 委托画《加冕礼》（图 152）	1804 年	安托万-让·格罗，《雅法的瘟疫之家》 12 月 4 日：拿破仑加冕为皇帝
1805 年	准备《加冕礼》（图 151—157） 10 月 21 日：画《尼尔森在特拉法尔加海战》（*Nelson at the Battle of Trafalgar*）；《教皇庇护七世肖像》（图 165）	1805 年	奥斯特里茨战役得胜，对奥地利和俄国战争结束，法国全胜
1806 年	在鲁热的帮助下，在前克吕尼教堂画《加冕礼》；拿破仑的其他三幅委托作品《分发鹰旗》（图 167）、《登基》、《抵达市政厅》（图 168） 7 月：拿破仑拒绝接受《身穿加冕礼袍的肖像》（*Portrait in Coronation Robes*）	1806 年	普鲁士对法宣战，打败耶拿-奥厄施泰特战役（10 月 14 日）；安-路易·吉罗代《大洪水》（图 174）；让-奥古斯特-多米尼克·安格尔《皇位上的拿破仑》
1807 年	10 月 /11 月：完成《加冕礼》	1807 年	2 月 8 日：拿破仑在埃劳战役打败普鲁士和俄国联军
1808 年	1 月 4 日：拿破仑在画室看到《加冕礼》 9 月 10 日：被授于世袭爵位和盾徽 10 月 22 日：擢升为荣誉军团指挥官级	1808 年	格罗《拿破仑在埃劳战场》；贝多芬《第五交响曲》 6 月 6 日：约瑟夫·波拿巴成为西班牙皇帝
1809 年	开始创作《分发鹰旗》； 为尤苏波夫亲王《萨福和法翁》（图 173）	1809 年	威灵顿率军与法国开始半岛战役 12 月：拿破仑与约瑟芬离婚

1810 年 为《萨宾妇女》未获得历史画十年奖而失望，但《加冕礼》获得了最佳国事题材奖
11月5日：沙龙展览《分发鹰旗》

1810 年 4 月 2 日：拿破仑和奥地利的玛丽·路易莎结婚

1811 年 继续《列奥尼达在温泉关》

1811 年 拿破仑之子出生
英国：乔治三世精神失常，其子威尔士亲王摄政

1812 年 为亚历山大·道格拉斯画《书房中的拿破仑》(图 140)

1812 年 拿破仑入侵俄国，在遭受了巨大的伤亡后撤退；泰奥多尔·热里科《帝国军官的冲锋》(图 180)

1813 年 继续《列奥尼达在温泉关》，鲁热做助手

1813 年 英国、俄国、普鲁士、奥地利和瑞典结成反拿破仑同盟；拿破仑战败莱比锡战役(10 月 16 日至 19 日)

1814 年 完成《列奥尼达在温泉关》，在画室而非沙龙展出

1814 年 3 月 31 日：联军进入巴黎
4 月 11 日：拿破仑退位，路易十八第一次复辟
泰奥多尔·热里科《受伤的胸甲骑兵》(图 181)；安格尔：《大宫女》(图 199)

1815 年 4 月 6 日：拿破仑最后一次拜访大卫，大卫被授予荣誉勋章指挥官级
5 月：参与签署《帝国宪法补充条款》
7 月至 8 月：和随从若弗鲁瓦游法国东部和瑞士

1815 年 3 月 20 日：拿破仑从厄尔巴岛返回，开始“百日王朝”
6 月 18 日：拿破仑在滑铁卢败于威灵顿
7 月：路易十八第二次复辟
8 月：拿破仑流放圣赫勒拿岛

1816 年	遵从驱逐弑君者法案；和妻子开始流亡生活，1 月 27 日抵达布鲁塞尔；画《埃蒂安-莫里斯·热拉尔将军肖像》（图 185）；《维兰十四世伯爵夫人和她的女儿》（图 186） 5 月至 6 月：谢绝普鲁士美术大臣和学院院长的任命邀请	1816 年	意大利：罗西尼，《塞维利亚理发师》 英国：简·奥斯汀，《爱玛》
1817 年	画《埃马纽埃尔-约瑟夫·西耶斯肖像》（图 187）和《丘比特与普赛克》（图 189）		
1818 年	《忒勒玛科斯和欧沙里斯的诀别》（图 191）	1818 年	英国：拜伦，《唐璜》；玛丽·沃斯通克拉夫特·雪莱，《弗兰肯斯坦》
1819 年	《献祭伊菲革涅亚时阿喀琉斯的愤怒》（图 192）；《萨宾妇女》和《列奥尼达》售给法国政府	1819 年	热里科《美杜莎之筏》 英国：约翰·济慈，《夜莺颂》
1820 年	热里科和贝内特来访	1820 年	英国：乔治三世去世，乔治四世继位 西班牙：戈雅开始他的“黑色绘画”
1821 年	画《夏洛特·波拿巴与塞奈达·波拿巴姐妹》（图 188） 格罗来访	1821 年	5 月 5 日：拿破仑死于圣赫勒拿岛 英国：约翰·康斯太勃尔，《干草车》（图 201）
1822 年	完成《加冕礼》复制品（图 195），其大部分由鲁热完成	1822 年	欧仁·德拉克洛瓦，《但丁之舟》

1823 年 开始《维纳斯与美惠三女神解除战神玛尔斯的铠甲》(图197、图 198)

1824 年 2 月：在从剧院回家途中被马车撞倒；完成《玛尔斯与维纳斯》；在布鲁塞尔首展，随后在巴黎的大型展览中作为中心作品展览，门票 2 法郎

1824 年 路易十八去世，查理十世继位(前阿图瓦伯爵)；德拉克洛瓦，《希俄斯岛上的屠杀》(图200)；康斯太勃尔的《干草车》在沙龙展出

1825 年 心脏病加重；拒绝协商返回法国事宜

11 月 21 日，立遗嘱

12 月 29 日上午 10 点去世

1825 年 英国：斯托克顿至达灵顿的铁路开通，是世界上第一条蒸汽机车铁路

1826 年 1 月，布鲁塞尔为大卫举行国葬；法国政府驳回家属要求大卫迁葬法国的请求

5 月 9 日，大卫夫人去世

10月 11 日，遗骸迁葬于布鲁塞尔圣若斯-滕-诺德陵园特别建造的墓地

1826 年 英国：约翰·弗拉克斯曼去世

地 图

北 海
根特
埃弗里
蒙斯
布鲁塞尔
巴黎
凡尔赛
图尔南昂布里
欧祖尔勒武勒吉
南特
贝桑松
洛桑
日内瓦
沙木尼
比 斯 开 湾
博洛尼亚
佛罗伦萨
马赛
罗马
那不勒斯
赫库兰尼姆
庞贝
地 中 海
0 英里 125 250 375 500
0 千米 250 500

延伸阅读

当代资料来源

一些包含大卫生平的著作只列在**一般资料**中。一些关于特定主题的专门资料列在相关章节下。单件作品条目也应查询展览图录。

一般资料

The Age of Neo-Classicism (exh. cat., Royal Academy and Victoria & Albert Museum, London, 1972)

Anon, *Notice sur la vie et les ouvrages de M. J L David* (Brussels, 1824) [written with information provided by David to accompany the exhibition of his works in Paris]

Philippe Bordes, *Le Serment du Jeu de Paume de Jacques-Louis David. Le peintre, son milieu et son temps de 1789 a 1792* (Paris, 1983)

Anita Brookner, *Jacques-Louis David* (London, 1980)

Publicola Chaussard, *Le Pausanias Français. Etat des arts du dessin en France a l'ouverture du XIX siècle* (Paris, 1806)

P A Coupin, *Essai sur J-L David, peintre d'histoire, ancien membre de l'Institut, officier de la Légion d'honneur* (Paris, 1827)

Matthew Craske, *Art in Europe 1700–1830* (Oxford, 1997)

Thomas E Crow, *Painters and Public Life in Eighteenth-Century Paris* (New Haven and London, 1985, repr. 1987)

David (exh. cat., Musée du Louvre and Château de Versailles, Paris, 1989–90)

David contre David (The texts of 44 papers presented by an international panel of scholars at the David colloquium in the Louvre Auditorium, 6–10 December 1989), 2 vols (Paris, 1993)

Jules Louis David, *Le Peintre Louis David 1748-1825, I Souvenirs et documents inédits; II Suite d'eaux fortes d'après des oeuvres gravées par J L Jules David, son petit-fils*, 2 vols (Paris, 1880–2)

Etienne-Jules Delécluze, *Louis David, son école et son temps. Souvenirs* (Paris, 1855, reissued with introduction and notes by J P Mouilleseaux, Paris, 1983)

David Dowd, *Pageant Master of the Republic. Jacques-Louis David and the French Revolution* (Lincoln, Nebraska, 1948)

Louis Hautecoeur, *Louis David* (Paris, 1954)

Hugh Honour, *Neo-classicism* (Harmondsworth, 1977, repr. 1996)

Donna Hunter, *Second Nature: Portraits by J-L David (1769–1792)* (PhD dissertation, Harvard University, 1988)

David Irwin, *Neoclassicism* (London, 1997)

Dorothy Johnson, *Jacques-Louis David: Art in Metamorphosis* (Princeton, 1993)

Alexandre Lenoir, 'David. Souvenirs historiques', *Journal de l'Institut historique*, 3 (1835), pp.1–13

Miette de Villars, *Mémoires de David,*

E

H

I

致 谢

满怀爱与深情地献给我的父母雷金纳德（Reginald）和莉莲（LiLian）

当今关于大卫的研究无不受益于安托万·施纳佩尔（Antoine Schnapper）、菲利佩·博兹（Philippe Bordes）与托马斯·克劳（Thomas Crow）这三位学者，在过去的20年里，他们重塑了我们对艺术家大卫的认识。亚历克斯·波茨（Alex Potts）为本书倾注了大量的时间并不吝建言，阿兰·温莎（Alan Windsor）则在一开始就给予这一项目以积极支持。我还要深深感谢西尔万·贝尔达（Sylvain Bédard）与唐娜·亨特（Donna Hunter）慷慨地与我分享他们的博士论文。牛津大学艺术史系及阿什莫林博物馆图书馆的18世纪与19世纪法国艺术收藏为我的研究提供了的便利条件。法国之行得益于雷丁大学访学研究项目的资助。此外，我还要感谢我的学生们，正是他们在卢浮宫大卫作品前的提问促使我着手整理我对大卫艺术的看法。

雷丁大学摄影部的希蒙·沙芬–约翰逊（Simon Chaffin-Johnson）对我总是有求必应，哪怕是最古怪的请求，也毫无保留地伸出援手。在费顿出版社，帕特·巴雷斯基（Pat Barylski）、克莱娅·斯密丝（Cleia Smith）、茱丽叶·达夫（Juliet Duff）与朱莉娅·赫瑟林顿（Giulia Hetherington）给了我极大的帮助，无论我的想法如何变来变去，他们总能予以认真的工作与风趣幽默。本书的完成很大程度上要归功于他们。普雷斯顿（Preston North End）足球俱乐部、老慈幼会（Old Salesians）足球俱乐部的精神支持大大化解了写作的艰辛。整个写作的过程，还有许多人令我心怀感念，尤其要感谢贝尔纳黛特·德夫林（Bernadette Devlin）不断地给我灵感与支持。

西蒙·李

图片版权

AKG, London: 40, 71, 99, 172, photo Erich Lessing 10, 41, 54; Albright-Knox Art Gallery, Buffalo, NY: 8; The Art Institute of Chicago: Clyde M Carr Fund and Major Acquisitions Endowment (1967.228) 94, Helen Regenstein Collection (1943.153) 126;
Artothek, Peissenberg: 92; Bibliothèque Nationale de France, Paris: 18, 72, 118, 162, 176, 196, 204; Bildarchiv Preussischer Kulturbesitz, Berlin: 179; Bridgeman Art Library, London: 5, 34, 58, 83, 97, 101, 173, 177, 178, 180, 200; British Library, London: 138; British Museum, London: 30, 135; Photographie Bulloz, Paris: 6, 11, 12, 16, 23, 103, 113, 120, 149, 169; Jean-Loup Charmet, Paris: 119; Christie's Images, London: 21; Cleveland Museum of Art: 1998 Leonard C Hanna Jr Fund (1962.37) 189; Courtauld Institute of Art, Witt Library, University of London: 183; Crocker Art Museum, Sacramento, CA: E B Crocker Collection 38; École Nationale Supérieure des Beaux-Arts, Paris: 15, 20, 22; École Polytechnique, Palaiseau: photo J B Debreux 46; Edimedia, Paris: 98; ET Archive, London: 74, 106; Fogg Art Museum, Harvard University Art Museums: Bequest of Grenville L Winthrop 154, 187; Fotomas Index: 4, 134; Galerie Cailleux, Paris: Private collection 84; Galleria dell' Accademia, Venice: photo Oswaldo Böhm 193; J Paul Getty Museum, Los Angeles: 105, 188, 191; Photographie Giraudon, Paris: 39; Kimbell Art Museum, Fort Worth, Texas: 192; David King Collection, London: 171; Lord Zetland, Aske, Richmond, North Yorkshire: 29; Metropolitan Museum of Art, New York: Harris Brisbane Dick Fund (1948) 27, Catherine Lorillard Wolfe Collection, Wolfe Fund (1931) 66, 67, Purchase Mr & Mrs Charles Wrightsman, Gift in honour of Everett Fahy (1977) 82, Purchase Rogers and Fletcher Funds, Bequest of Mary Wetmore Shively in memory of her husband, Henry L
Shively, MD (1965) 185; Mountain High Maps, © 1995 Digital Wisdom Inc: p.341; Musée des Augustins, Toulouse: 49; Musée des Beaux-Arts, Dijon: 104; Musée des Beaux-Arts, Rouen: photo Didier Tragin/ Catherine Laucien 17; Musée des Beaux-Arts et d'Archéologie, Besançon: photo C Choffet 89; Musée Calvet, Avignon: 114; Musée Fabre, Montpellier: photo Frédéric Jaulmes 35, 50, 53; Musée Thomas Henry, Cherbourg: photo Martine Seyre 36; Musée de l'Hotel de Ville, Amboise: 51; Musée Lambinet, Versailles: photo F Doury 107; Musée du Louvre, Paris: 205; Musée Municipal Frédéric Blandin, Nevers: 57; Musée de Peinture et de Sculpture de Grenoble: 37; Musée de Poitiers: photo C Vignaud 137; Musées Royaux des Beaux-Arts de Belgique, Brussels: photo Cussac 110, 197, 198, photo Speltdoorn 112; Museo del Prado, Madrid: 194; National Gallery, London: 129, 186, 201; National Gallery of Art, Washington, DC: Samuel H Kress Collection 140, 175; National Gallery of Ireland, Dublin: 33; Nationalmuseum, Stockholm: 76; Photothèque des Musées de la Ville de Paris: photo Andreani 102, 111, 117, Ladet 70, 147, 182, Lifermann 1, Pierrain 19, Svartz 121, Toumazet 100; Pierpont Morgan Library, New York: Collection of Eugene Victor Tham 75; The Putnam Foundation, Timken Museum of Art, San Diego: 148; RMN, Paris: 2, 9, 13, 14, 24, 31, 32, 55, 59, 73, 85, 86, 87, 88, 90, 91, 95, 96, 108, 116, 122, 124, 130, 141, 142, 144, 146, 150, 151, 152, 153, 155, 157, 159, 160, 163, 165, 170, 184, 199, photo Jean Arnaudet 131, 132, 133, 145, 158, Michèle Bellot 125, 156, J G Berizzi 136, 168, P Bernard 166, Gerard Blot 25, 44, 62, 63, 77, 88, 91, 127, 128, 181, 190, Francis Dubuisson 202, C Jean/ H Lewan 161, Hervé Lewandowski 45, 48, R G Ojeda 43, 60, 64, 65, 174, Peter Willi 167, 195; Scala, Florence: frontispiece, 26, 28, 42, 79, 80, 93, 115; Courtesy Gian Enzo Sperone, New York: 203; Statens Museum fur Kunst, Copenhagen: photo Hans Petersen 69; Studio Edition, Mâcon: Philippe Lafarges 52; Tate Gallery, London: 3; Wildenstein and Co, Inc, New York: Private collection 7; Yale Center for British Art, Paul

图书在版编目（CIP）数据

大卫 /（英）西蒙·李著；杨多译．-- 长沙：湖南美术出版社，2020.7

（“艺术与观念”系列）

ISBN 978-7-5356-9003-6

Ⅰ．①大… Ⅱ．①西… ②杨… Ⅲ．①达维德 (David, Jacques-Louis 1748-1825) – 传记 Ⅳ．① K835.655.72

中国版本图书馆 CIP 数据核字 (2019) 第 294622 号

Original title: *David* © 1999 Phaidon Press Limited
This Edition published by Ginkgo (Beijing) Book Co., Ltd under licence from Phaidon Press Limited, Regent's Wharf, All Saints Street, London, NI 9PA, UK, © 2020 Ginkgo (Beijing) Book Co., Ltd.

著作权合同登记号：图字18-2018-311

大卫
DAWEI

出 版 人：黄　啸
著　　者：[英] 西蒙·李
出版统筹：吴兴元
特约编辑：程文欢
营销推广：ONEBOOK
出版发行：湖南美术出版社（长沙市东二环一段 622 号）
　　　　　后浪出版公司
开　　本：720×1000　　1/16
版　　次：2020 年 7 月第 1 版
印　　次：2020 年 7 月第 1 次印刷
定　　价：99.80 元

出版策划：后浪出版公司
译　　者：杨　多
编辑统筹：蒋天飞
责任编辑：贺澧沙
装帧制造：墨白空间·肖雅
印　　刷：北京雅昌艺术印刷有限公司
　　　　　（北京市顺义区高丽营镇金马园达盛路3号
字　　数：312.5 千字
印　　张：21
书　　号：ISBN 978-7-5356-9003-6

读者服务：reader@hinabook.com 188-1142-1266
直销服务：buy@hinabook.com 133-6657-3072
投稿服务：onebook@hinabook.com 133-6631-2326
网上订购：https://hinabook.tmall.com/（天猫官方直营店

后浪出版咨询(北京)有限责任公司常年法律顾问：北京大成律师事务所　周天晖 copyright@hinabook.com